AF077114

El poder del prompt

Domina las conversaciones con la IA

Jose Luis Gallardo

ISBN: 978-84-09-71141-3
DL: A-157-2025

Nota del editor: Dada la materia de que trata, este libro contiene gran cantidad de extranjerismos. Para facilitar la lectura y evitar la fatiga ocular al lector, se ha decidido no marcar ninguno de ellos con cursiva.

Producción editorial: Mariana Eguaras - Consultoría Editorial

A mi equipo favorito, mi esposa y mi hija.
Gracias por ser mi mejor fuente
de inspiración, mi motor y mi refugio.
Este libro es tan suyo como mío.

Índice

Introducción

Tu puerta de entrada al mundo de los prompts

Imagina que tienes en tus manos una llave maestra, capaz de abrir cualquier puerta al conocimiento, la creatividad y la resolución de problemas. Esa llave es el prompt, la instrucción que das a un modelo de inteligencia artificial (una herramienta que genera texto y responde a tus preguntas) para que actúe según tus necesidades.

En este libro descubrirás cómo una simple frase puede marcar la diferencia entre obtener una respuesta genérica y acceder a una solución brillante y precisa. Un prompt bien formulado no es solo un comando, sino el puente entre tu pensamiento y la inteligencia artificial, es decir, la herramienta con la que defines exactamente la información que deseas recibir y en qué formato.

No importa si nunca has usado IA o si ya la usas a diario, este libro está diseñado para ti.

Al igual que en cualquier conversación, la forma en la que haces una solicitud determina la calidad de la respuesta.

¿Cómo puedes asegurarte de que estás comunicándote de manera efectiva con la IA y obteniendo el máximo provecho de sus capacidades? Esa es precisamente la habilidad que desarrollarás aquí.

Este libro te llevará desde los fundamentos del prompting hasta estrategias avanzadas para dirigir modelos de lenguaje de manera precisa y eficaz.

No importa si eres un estudiante buscando ayuda para tus estudios, un docente creando materiales educativos o un profesional optimizando tu trabajo, al final de este recorrido serás capaz de estructurar interacciones inteligentes con modelos de IA y obtener exactamente lo que buscas.

Cómo usar este libro para dominar tus conversaciones con la IA

Este no es un manual técnico cargado de terminología compleja. Es una guía práctica, diseñada para llevarte paso a paso en la construcción de prompts efectivos.

A medida que avances, aprenderás cómo transformar una simple instrucción en una herramienta poderosa, capaz de desbloquear todo el potencial de la inteligencia artificial.

Explorarás técnicas y estrategias utilizadas por expertos para mejorar la precisión de las respuestas, optimizar procesos y aprovechar la IA en diferentes ámbitos, como la generación de contenido, la automatización de tareas, el aprendizaje y la resolución de problemas.

Cada capítulo te brindará ejemplos reales, prompts probados y estrategias aplicables, lo que te permitirá experimentar y mejorar tu capacidad de interacción con IA en tiempo real.

Si alguna vez has sentido que las respuestas de la IA son demasiado genéricas, poco estructuradas o, simplemente, no alineadas con lo que buscas, aquí aprenderás cómo formular tus solicitudes de manera clara, estratégica y efectiva.

Bienvenido a un nuevo nivel de interacción con la inteligencia artificial. Es el momento de descubrir el verdadero poder de los prompts.

¿Cómo está estructurado el libro?

Este libro se ha diseñado para que aprendas a dominar la técnica del prompting paso a paso, desde los conceptos vitales hasta técnicas avanzadas y estrategias aplicadas en distintos ámbitos; solo tienes que seguir el índice actualizado.

Comenzaremos explorando qué es un prompt y por qué es esencial dominarlo, junto con temas claves como la precisión, el uso de tokens y su influencia en las respuestas, además de un nuevo apartado sobre vectores en IA y cómo afectan al prompting.

Luego, nos adentraremos en la construcción de prompts perfectos, para lo que abordaremos la estructura ideal, el papel del contexto, la importancia de la ventana de contexto y las diferencias entre chatear y dirigir; y todo ello con un gran número de ejemplos aplicables.

También descubrirás técnicas de optimización de prompts, como depuración ajuste de instrucciones para obtener mejores respuestas. Aprenderás a evitar errores comunes y a encontrar el equilibrio en la información proporcionada.

A continuación, exploraremos estrategias avanzadas, como las secuencias de prompts y su aplicación en flujos de trabajo automatizados, junto con plantillas reutilizables que podrás adaptar a tus necesidades.

El libro concluye con un capítulo sobre prompting adaptativo, donde aprenderás técnicas como chain-of-thought, meta-prompting y self-reflection, además de un caso práctico para aplicar lo aprendido.

Para complementar tu aprendizaje, encontrarás prompts probados en diversas categorías y una sección final sobre cómo crear tu propio repositorio de prompts optimizados.

Cada sección te brindará herramientas prácticas, explicadas con un lenguaje accesible, ejemplos reales y estrategias concretas para que cualquier persona, sin importar su nivel de experiencia, pueda sacar el máximo partido a la IA.

Bienvenido a este viaje. Es hora de desbloquear **el verdadero poder del prompt**.

Capítulo 1. El poder del prompt

¿Qué es un prompt y por qué cambia todo?

Imagina que te encuentras una lámpara mágica. La frotas y aparece un genio dispuesto a concederte un deseo. Pero esta vez, no basta con pedir algo vago como «Hazme feliz» o «Quiero tener éxito». Si no eres claro y específico, el resultado puede no ser lo que esperabas. Lo mismo ocurre con la inteligencia artificial generativa (una herramienta de IA que genera texto con base en lo que escribes).

Un prompt es la instrucción que le das a un modelo de lenguaje para que actúe según lo que necesitas. Cuanto más preciso seas en tus palabras, más ajustada será la información que recibirás.

Al igual que con el genio de la lámpara, la precisión en tus palabras es clave. Si tu prompt es vago o ambiguo, obtendrás una respuesta que puede no cumplir con tus expectativas. En cambio, si eres específico, detallado y claro, maximizas las probabilidades de obtener exactamente lo que necesitas.

Lo que hace que un prompt sea tan poderoso es su capacidad para transformar una conversación genérica en algo valioso y dirigido. Con un prompt adecuado, tú controlas el resultado.

En lugar de ser un espectador pasivo de la respuesta de la IA, te conviertes en la guía que la llevará hacia el tipo de información que más te conviene.

Un buen prompt puede ayudarte:

- si eres un docente, a crear exámenes adaptados a cada nivel;
- si eres un estudiante, a resumir apuntes extensos en ideas claves;
- si eres un profesional, a generar informes detallados a partir de datos simples.

No importa si nunca has usado una IA antes; aprender a escribir prompts precisos está al alcance de todos. Con un prompt bien escrito, la IA se convierte en tu herramienta para resolver problemas, generar ideas o brindarte el conocimiento exacto que necesitas.

Ejemplos de prompts:

- Para un docente: «Genera un cuestionario de cinco preguntas para estudiantes de secundaria sobre la fotosíntesis».
- Para un estudiante: «Resume los puntos claves de la Segunda Guerra Mundial en tres párrafos».
- Para un profesional: «Crea un plan de marketing digital para una tienda online de ropa sostenible».

¿Por qué cambia todo?

El uso de prompts efectivos mejora sustancialmente tu interacción con la IA. No se trata solo de hacer preguntas, sino de dirigir la conversación para obtener el máximo beneficio.

Un prompt bien formulado es como un deseo bien expresado al genio: cuanto más detallado seas, mejor será el resultado. Ya no dependes del azar ni de una interpretación vaga de tus palabras; ahora puedes asegurarte de que la IA te ofrezca una respuesta precisa y útil.

Ejemplos prácticos:

- Para tecnología: «Explica cómo la inteligencia artificial está transformando la industria médica».

- Para marketing: «Genera ideas de campañas para un producto sostenible en redes sociales».
- Para educación: «Explica los conceptos claves de la Revolución Industrial para estudiantes de secundaria».

Este nivel de precisión guía a la IA hacia respuestas mucho más alineadas con tu interés.

Es en este detalle donde reside el verdadero poder del prompt. La IA puede ofrecerte información detallada, creatividad o soluciones, siempre que se lo pidas de la manera correcta.

Cada pequeño ajuste en tu prompt cambia todo. ¡Empieza a experimentar y verás cómo la IA se convierte en tu mejor aliada!

La clave de la precisión

Interactuar con un LLM (modelo de lenguaje de IA) es como pedir un deseo a un genio de la lámpara: cuanto más específico seas en tu solicitud, más preciso será el resultado. Pero ¿qué significa ser específico en un prompt? La respuesta está en la precisión.

A diferencia del genio, un LLM no tiene una conciencia ni comprensión real del lenguaje. Su funcionamiento se basa en cálculos probabilísticos.

Cuando introduces un prompt, la IA no piensa como un humano. Utiliza algoritmos para predecir la palabra más probable que debería aparecer después; para ello se basa en una vasta cantidad de textos con los que se ha entrenado.

En otras palabras, no comprende tus palabras como lo haría una persona; en su lugar, calcula la secuencia de palabras más probable para generar una respuesta coherente.

Esto significa que cada detalle en tu prompt orienta a la IA. Cuanto más claro seas, más cerca estarás de obtener la respuesta que realmente necesitas.

Consejo práctico: Usa descripciones precisas y evita ambigüedades. Esto hará que el modelo te entregue resultados ajustados a tu intención, sin importar tu nivel de experiencia.

Un mundo de probabilidades

Imagina que un LLM es como un chef con un libro de recetas enorme. Tú, como cliente, haces un pedido. Si simplemente dices «Quiero comida», el chef tiene infinitas opciones: pizza, ensalada, postre...

Aquí es donde la precisión es esencial.

Si tu pedido es vago, como «Quiero algo de comer», el chef puede interpretarlo de muchas maneras.

Pero si dices: «Quiero una pizza de masa fina con pepperoni y extra de queso», el chef sabe exactamente qué hacer. Con un LLM, cuanto más preciso sea tu prompt, más limitado será el rango de respuestas posibles, lo que aumenta las probabilidades de obtener una respuesta que coincida con tus expectativas.

Consejo práctico: Sé claro y detallado en tus solicitudes para que la IA sepa exactamente qué ofrecerte.

¿Sabías que cada palabra que usas importa?

En los LLM, cada palabra que utilizas en tu prompt afecta el resultado. Si eliminas una palabra o cambias su orden, obtendrás una respuesta completamente diferente.

Esto se debe a que el modelo está calculando las probabilidades en función de las palabras que le proporcionas, guiado por la estructura y el contenido de tu mensaje.

Una sola palabra cambia por completo el resultado de tu interacción con el LLM.

Veamos un ejemplo para ilustrarlo:

Pregunta original: «Explica cómo se construye un edificio».

Pregunta ajustada: «Describe cómo se construye un edificio».

Diferencia en la respuesta:

- Si usas «explica», es probable que la IA te dé una respuesta detallada sobre el proceso, incluyendo fundamentos de arquitectura y principios estructurales.
- Si usas «describe», la IA puede enfocarse más en el paso a paso visual, detallando el proceso de construcción con más énfasis en la apariencia y los materiales.

Ahora probemos con otro cambio:

Pregunta ajustada: «Resume cómo se construye un edificio».

- Al cambiar «explica» por «resume», la IA sintetizará el proceso en pocos puntos claves en lugar de desarrollar una respuesta extensa.

Este simple ajuste demuestra cómo elegir el verbo adecuado guía a la IA para generar la respuesta que realmente necesitas. Usa esta técnica a tu favor y mejora la precisión de tus prompts.

Cuando interactúas con un modelo de IA, no solo los verbos importan, sino también otros elementos claves de la oración, como los adjetivos o los sustantivos. Cambiar una sola palabra puede transformar completamente el tipo de respuesta que obtienes.

Veamos otro ejemplo:

Pregunta original: «Dime datos sobre el clima».

Pregunta ajustada: «Dime datos actuales sobre el clima».

Diferencia en la respuesta:

- En la primera versión, la IA puede proporcionar información general sobre el clima, explicando qué es, cómo se mide y qué factores lo afectan.
- En la segunda versión, la IA entiende que necesitas información reciente y específica, por lo que buscará datos

actualizados sobre la temperatura, la humedad o las condiciones climáticas del momento.

Otro caso:

Pregunta ajustada: «Dime datos históricos sobre el clima».

Aquí, el cambio de «actuales» por «históricos» hace que la IA se enfoque en tendencias pasadas del clima, en lugar de en las condiciones presentes.

Como ves, pequeños ajustes en tu elección de palabras conllevan una diferencia en la precisión de la respuesta. Asegúrate de incluir palabras que orienten a la IA hacia la información que realmente necesitas.

El secreto detrás de los tokens

Sabemos que un buen prompt guiará a los modelos de lenguaje (LLM) hacia respuestas más precisas, pero para comprender cómo funcionan realmente estos modelos, es esencial que conozcas el concepto de los tokens.

Cuando interactúas con un LLM, el modelo no procesa tus palabras tal como lo haría una persona.

En lugar de comprender las palabras completas, descompone el texto que introduces en tokens, pequeñas piezas de información que el modelo utiliza para realizar cálculos y generar respuestas.

Estos tokens pueden ser palabras enteras o, más comúnmente, fragmentos de palabras.

¿Qué son los tokens?

Imagina que cada prompt que escribes es como una oración hecha de piezas de un rompecabezas. En lugar de trabajar con palabras enteras, los modelos de lenguaje descomponen ese texto en pequeños fragmentos llamados tokens, que luego usan para entender mejor tu solicitud y ofrecer una respuesta adecuada.

Por ejemplo, la frase «ChatGPT es increíble» podría dividirse en tokens como: «Chat», «G», «PT», «es», «incre», «íble».

Como puedes ver, los tokens no siempre corresponden a palabras completas. Según el idioma y la estructura del texto, un token puede ser una palabra entera o solo una parte de ella.

¿Cómo usan los tokens los modelos de lenguaje?

Cada token tiene un identificador numérico único conocido como token ID. Esos token ID son los datos que los modelos de lenguaje realmente utilizan para realizar cálculos probabilísticos.

En lugar de operar directamente con las palabras o fragmentos del texto, los LLM convierten cada token en un número. Con estos números, el modelo compara y predice los patrones más probables con base en todo lo que ha aprendido durante su entrenamiento.

Imagen extraída del Tokenizer de OpenaAI.

Por ejemplo:

Frase original: «Explícame con detalle qué es la inteligencia artificial generativa».

Tokens: [«Expl», «íc», «ame», «con», «detalle», «qué», «es», «la», «inteligencia», «artificial», «gener», «ativa»].

Token ID: [24704, 23445, 444, 406, 75401, 18998, 878, 557, 121330, 27034, 2217, 10277].

El LLM procesa cada uno de estos token ID. Para ello, utiliza millones de combinaciones de patrones aprendidos para determinar cuál es el siguiente token (y, por tanto, la siguiente palabra) más probable.

Estos cálculos son lo que permiten al modelo generar respuestas coherentes y ajustadas a tu solicitud.

Pon a prueba lo que aprendiste

Ahora que sabes cómo los modelos de lenguaje dividen el texto en tokens y cómo estos influyen en las respuestas de la IA, te invito a hacer una prueba por ti mismo.

Visita el tokenizer de OpenAI: https://platform.openai.com/tokenizer.

Introduce frases y observa cómo se descomponen en tokens. Prueba con prompts largos, cortos, con cambios de palabras o estructuras diferentes. Esto te ayudará a entender cómo cada pequeño ajuste puede afectar la interpretación del modelo.

Ejercicio práctico:

1. Escribe un prompt simple y mira cuántos tokens genera.
2. Añade o cambia algunas palabras y observa cómo se modifican los tokens.

Dominar este concepto te permitirá optimizar tus prompts y sacar el máximo provecho de la IA. Experimenta y descubre el poder de los tokens.

¿Por qué se usan tokens en lugar de palabras completas?

Los tokens permiten que los modelos de lenguaje procesen el texto de manera más eficiente. Al descomponer las palabras en fragmentos, los LLM pueden manejar la complejidad y la variedad del lenguaje con mayor flexibilidad.

Esto les permite reconocer combinaciones de palabras o partes de palabras, adaptándose mejor a los cambios en la gramática o los diferentes usos de un mismo término.

Además, al asignar un token ID único a cada token, el LLM puede realizar cálculos rápidos y precisos para predecir qué palabra o fragmento debe seguir a continuación.

Este enfoque mejora la capacidad del modelo para responder de manera fluida y natural, incluso cuando se enfrenta a una variedad infinita de posibles combinaciones de palabras.

Cómo influyen en las respuestas los tokens

Cuando introduces un prompt, el LLM descompone ese texto en tokens y luego asigna a cada token su token ID correspondiente.

Después, el modelo utiliza esos token ID para calcular la probabilidad de qué token debería seguir al anterior. Para ello, se basa en patrones aprendidos durante su entrenamiento.

Por ejemplo, si introduces la frase «Explícame con detalle qué es la inteligencia artificial generativa», el modelo la tokeniza así: [«Expl», «íc», «ame», «con», «detalle», «qué», «es», «la», «inteligencia», «artificial», «gener», «ativa»].

Luego, el modelo convierte cada uno de estos tokens en su token ID único y utiliza esos datos para predecir cuál es el siguiente token más probable. Para hacerlo, se basa en textos similares que ha procesado antes.

Si el modelo ha encontrado que, con mucha frecuencia, al token «inteligencia» sigue el token «artificial», generará una respuesta que incluya ese patrón.

Cambios en los tokens, cambios en la respuesta

Una pequeña modificación en tu prompt puede llevar a un cambio completo en la respuesta debido a cómo se ajustan los tokens.

Veamos cómo un cambio en una palabra afecta los tokens y, por lo tanto, la respuesta del LLM:

Prompt original: «¿Qué es la inteligencia artificial?».

Tokens: [«¿», «Qué», «es», «la», «inteligencia», «artificial», «?».].

Prompt modificado: «¿Qué es inteligencia humana?».

Tokens: [«¿», «Qué», «es», «inteligencia», «humana», «?».].

Aunque los prompts son muy similares, el cambio de «artificial» a «humana» altera los tokens y, en consecuencia, la predicción de patrones que hace el modelo.

El LLM interpretará el nuevo prompt de manera diferente, para lo cual asociará el término «humana» con temas relacionados con biología, filosofía o psicología, en lugar de tecnología.

Este ajuste en los tokens hace que el modelo tome un camino diferente para generar su respuesta, lo que muestra cómo una sola palabra puede cambiar por completo la dirección de la conversación.

El límite máximo de tokens

Ya sabes que los modelos de lenguaje funcionan dividiendo el texto en tokens, pero hay algo más que debes tener en cuenta: cada respuesta que genera la IA tiene un límite máximo de tokens.

Esto significa que, aunque tu prompt sea extenso o pidas respuestas largas, el modelo solo podrá generar contenido hasta cierto punto antes de detenerse.

¿Qué significa esto de forma sencilla?

Imagina que la IA es como un vaso de agua. Los tokens son el agua que se vierte en ese vaso, pero el vaso tiene un tamaño fijo. No importa cuánta agua intentes echar, si el vaso ya está lleno, no podrá contener más.

De forma similar, los modelos de lenguaje tienen un espacio limitado para generar cada respuesta. Cuando ese espacio se llena, la IA ya no puede añadir más contenido; no importa lo largo que sea tu prompt o lo larga que esperes que sea su respuesta.

¿Por qué existe este límite?

Los modelos de lenguaje son herramientas muy potentes, pero también consumen muchos recursos para funcionar. Cada vez que escriben una respuesta, deben procesar todo lo que has pedido, pensar (matemáticamente) en qué decir a continuación y generar cada palabra. Si no hubiera un límite, una sola respuesta muy larga podría:

- tardar demasiado en generarse;
- usar demasiados recursos computacionales;
- dificultar que la IA responda rápido y bien.

Por eso, los creadores de estos modelos decidieron establecer un límite máximo de tokens por respuesta, para mantener un equilibrio entre calidad, rapidez y eficiencia.

¿Cuánto es este límite?

El límite máximo de tokens depende del modelo de lenguaje que estés usando. Algunos modelos permiten respuestas más extensas, mientras que otros están diseñados para generar respuestas más breves.

Si quieres conocer la cantidad exacta de tokens que admite un modelo, lo mejor es consultar la página oficial de cada LLM, donde siempre encontrarás información actualizada.

¿Cómo afecta esto a tus prompts?

Cuando pides algo como: «Escribe un ensayo detallado sobre la historia de la inteligencia artificial, incluyendo sus inicios, los avances claves, las aplicaciones actuales y las predicciones para el futuro».

La IA intentará escribir tanto como pueda, pero llegará un punto en el que se detendrá, no porque no quiera seguir, sino porque ha alcanzado su límite de tokens.

El resultado será un texto cortado o incompleto.

Esto no significa que la IA no pueda ayudarte a escribir textos largos, solo que **necesita tu ayuda para hacerlo bien**.

¿Qué puedes hacer para manejar este límite?

Si sabes que lo que pides puede superar el límite, hay algunas estrategias simples que puedes usar:

1. **Divide tu solicitud en partes**: En vez de pedirlo todo de una vez, pide que lo haga paso a paso. Por ejemplo: «Escribe la primera parte de un análisis sobre la historia de la inteligencia artificial, desde sus inicios hasta 1980. Luego te pediré que continúes con las décadas siguientes». De esta manera, la IA generará un texto más manejable y tú podrás seguir pidiendo que continúe sin perder la coherencia.

2. **Pide a la IA que continúe desde donde se quedó**: Si ves que la respuesta quedó incompleta, puedes simplemente escribir: «Continúa desde donde lo dejaste» o «Sigue escribiendo a partir del último punto». La IA recordará lo anterior (gracias a la ventana de contexto) y seguirá escribiendo sin problemas.

3. **Sé claro con lo que quieres**: Si necesitas un texto largo, dilo desde el principio. Por ejemplo: «Quiero un artículo detallado sobre la historia de la inteligencia artificial. Como será largo, por favor, divídelo en varias partes y avísame

cuando llegues al límite de tokens para continuar». Así, la IA sabrá que esperas un contenido extenso y estructurará mejor su respuesta.

¿Por qué es importante saber esto?

Porque si alguna vez ves que la IA corta su respuesta o no te da todo lo que pediste, no es porque «no entendió» o porque «se equivocó», sino porque llegó al límite máximo de tokens.

Saber esto te permitirá ajustar tu forma de pedir, ser más eficiente y sacar el máximo provecho a cualquier modelo de IA.

No te preocupes por los detalles técnicos; lo importante es que sepas que cada respuesta tiene un límite, y que, con un poco de estrategia, puedes superar esa barrera y obtener todo el contenido que necesitas.

Más allá de los tokens: los vectores

Además de los tokens, hay otro concepto que influye en las respuestas de la IA: los vectores. Entenderlos te permitirá optimizar aún más tus prompts.

Sabemos que los modelos de lenguaje descomponen un prompt en tokens.

Pero una vez que tienen esos tokens, ¿cómo deciden qué palabras usar para responderte? La respuesta está en los vectores.

¿Qué es un vector en IA?

Un vector es como una ubicación numérica que el modelo asigna a cada token. Imagínalo como un mapa tridimensional (aunque, en realidad, tiene miles de dimensiones) donde cada palabra ocupa un punto específico.

Para simplificar, piensa en un mapa de ciudades:

- Ciudades cercanas suelen compartir características similares: clima, cultura o idioma.
- En el espacio vectorial, palabras cercanas suelen compartir significado o contexto.

Por ejemplo, palabras como «perro» y «gato» estarán cerca, mientras que «perro» y «astronomía» estarán muy alejadas.

¿Por qué importa esto en los prompts?

Cuando introduces un prompt, el modelo no solo analiza las palabras exactas, sino también las palabras relacionadas cercanas en este mapa.

Un cambio mínimo en tu prompt puede llevar al modelo a explorar zonas completamente diferentes del espacio vectorial.

Ejemplo práctico:

- Si dices: «Sugiere ideas para un negocio creativo», la IA explora una zona con conceptos como arte, diseño, innovación y creatividad.
- Pero si usas: «Sugiere ideas para un negocio rentable», la IA se desplaza a otra zona con términos como inversión, beneficio, escalabilidad y costos.

Este fenómeno también se observa al variar la precisión:

- **Prompt amplio:** «Háblame de animales». La IA explora un espacio enorme, desde mascotas hasta fauna salvaje.
- **Prompt específico:** «Explícame cómo entrenar a un cachorro». El modelo busca palabras como adiestramiento, perros, obediencia, premios, paseos.

Lo que puedes hacer con este conocimiento

Cada palabra que eliges es una coordenada que guía al modelo a una región específica del espacio vectorial. Por eso:

- un prompt preciso dirigirá a la IA a áreas más concretas, lo que mejora la relevancia de la respuesta;
- cambiar una sola palabra puede mover la IA a una región completamente diferente, lo que afecta drásticamente el tipo de respuesta que obtienes.

Un vistazo más técnico (pero sencillo)

Los vectores representan palabras como combinaciones de números, y su distancia o cercanía indica similitud. Cuando creas un prompt, la IA calcula qué región del espacio vectorial es más relevante, y lo hace basándose en las coordenadas de las palabras que elegiste.

Si bien no necesitas ser un experto en matemáticas para crear buenos prompts, entender esta idea te ayudará a elegir términos más precisos.

En resumen, mientras los tokens son las piezas del rompecabezas, los vectores son el mapa que guía al modelo. Cuanto mejor elijas tus palabras, mejor posicionarás a la IA para darte la respuesta que buscas.

No te preocupes si esto suena técnico. No necesitas entender las matemáticas que hay detrás de los vectores para crear buenos prompts. Lo importante es recordar que cada palabra que eliges afecta cómo la IA interpreta tu solicitud y qué zona del mapa explora para darte una respuesta.

¿Chatear o dirigir? La elección

Al interactuar con modelos de lenguaje, tienes dos enfoques principales: chatear o dirigir. Ambos son útiles, pero te ofrecen resultados muy diferentes, dependiendo de lo que estés buscando.

La clave está en cómo estructurar tus prompts y cuál es tu objetivo al usar la IA.

Chatear: Dejarse llevar por la conversación

Cuando eliges chatear, es como tener una conversación casual con otra persona. No necesitas dar detalles específicos ni tener un objetivo definido. Simplemente dejas que la conversación fluya, formulando preguntas abiertas y explorando diferentes temas a medida que surgen.

En este enfoque, la IA te guiará por la conversación, y para ello se basará en las pistas que le das.

Este enfoque es ideal cuando buscas explorar ideas, aprender algo de manera general o simplemente entretenerte.

No esperas una respuesta exacta o enfocada; en su lugar, permites que la IA te sorprenda con información interesante que tal vez no esperabas.

Ejemplo de chatear:

- «Cuéntame algo interesante sobre el espacio».

En este caso, el modelo de lenguaje puede responderte con datos sobre planetas, estrellas, agujeros negros o teorías sobre la expansión del universo.

No hay un rumbo claro en la conversación, pero es una forma relajada de obtener información diversa.

Cuándo es útil el enfoque de chatear

- **Exploración**: Si quieres aprender sobre un tema amplio y no tienes una dirección específica, este enfoque te permite navegar por diferentes ideas.
- **Creatividad**: Perfecto cuando buscas inspiración o quieres generar nuevas ideas sin un objetivo concreto.
- **Curiosidad**: Para preguntas casuales, cuando simplemente tienes ganas de descubrir algo nuevo.

El chateo es más informal y abierto y permite que el modelo te lleve por caminos inesperados. La conversación se desarrolla sin una estructura rígida, lo que puede llevarte a obtener detalles o perspectivas que no habías considerado.

Dirigir: Dar instrucciones claras con un objetivo específico

El enfoque de dirigir es completamente diferente. Aquí, tienes una meta clara y proporcionas un prompt bien estructurado con el objetivo de obtener una respuesta precisa y concreta.

No dejas espacio para interpretaciones amplias; en su lugar, guías a la IA para que siga un camino específico.

Este enfoque es ideal cuando sabes exactamente lo que quieres obtener de la IA. Es perfecto para tareas como escribir contenido, resolver problemas específicos o investigar temas en profundidad.

Ejemplo de dirigir:

- «Explícame en un párrafo los beneficios de la energía solar comparados con la energía eólica».

Con este prompt, el LLM te dará una respuesta clara y enfocada en la comparación que solicitaste. El resultado será una respuesta más concreta, alineada con el objetivo específico que tienes.

Cuándo es útil el enfoque de dirigir

- **Búsqueda específica**: Si necesitas información puntual y no tienes tiempo para explorar respuestas generales.
- **Resolución de problemas**: Para preguntas técnicas o complejas que requieren una respuesta directa y detallada.
- **Proyectos con un objetivo claro**: Ideal para tareas que requieren precisión, como redactar informes, crear contenido o desarrollar estrategias.

Dirigir garantiza que el modelo de lenguaje entregue una respuesta precisa y orientada a cumplir tu objetivo. Este enfoque es perfecto cuando necesitas resultados rápidos y claros.

Diferencias entre chatear y dirigir

Claridad en el propósito:

- **Chatear**: Es un enfoque más relajado, donde no debes tener un objetivo definido.
- **Dirigir**: Se basa en una meta clara y definida. Sabes exactamente lo que quieres obtener de la IA.

Estructura del prompt:

- **Chatear**: Los prompts son más amplios y abiertos, lo que permite que la conversación fluya de manera más libre.
- **Dirigir**: Los prompts son detallados y precisos, con instrucciones claras que guían a la IA hacia un resultado específico.

Resultado esperado:

- **Chatear**: El resultado es más variado y amplio, lo que es útil cuando quieres explorar ideas o temas.
- **Dirigir**: El resultado es más enfocado y preciso, perfecto cuando necesitas una respuesta específica o técnica.

¿Cuál es el mejor enfoque?

La respuesta depende de lo que quieras lograr en tu interacción con la IA. Si buscas una exploración abierta, donde te dejas guiar por las respuestas y no tienes un objetivo concreto, el enfoque de chatear es perfecto para ti.

Sin embargo, si tienes un objetivo claro y específico, como resolver un problema o obtener información detallada, el enfoque de dirigir te llevará a mejores resultados.

Checkpoint: Lo que aprendimos

✔ **Un prompt bien formulado lo cambia todo:** Es la llave para obtener respuestas precisas, útiles y alineadas con tus necesidades. Cuanto más claro y detallado, mejores serán los resultados.

✔ **Cada palabra importa:** Un pequeño cambio en las palabras o el orden pueden transformar por completo la respuesta de la IA. Elegir los términos adecuados es crucial.

✔ **Los LLM funcionan con probabilidades, no con comprensión humana:** No piensan ni razonan; predicen la palabra más probable en función de tu prompt. La claridad y estructura marcan la diferencia.

✔ **Tokens y vectores influyen en las respuestas:** Los tokens son las piezas que la IA procesa, y los vectores son el mapa que guía su comprensión. Saber cómo funcionan te permite optimizar tus prompts para obtener respuestas eficientes y precisas.

✔ **Chatear vs. dirigir:** Usa chatear para explorar ideas y dejarte sorprender; dirige cuando necesites precisión y un objetivo claro. Ambos enfoques son valiosos según lo que busques.

✔ **Tú controlas la conversación:** No solo haces preguntas; guías a la IA para que te dé exactamente lo que necesitas. Dominar esta habilidad es clave para aprovechar al máximo la inteligencia artificial.

Próximo nivel

Ahora que entiendes el poder de un buen prompt, aprenderemos a construir prompts efectivos desde cero. En el próximo capítulo exploraremos la estructura ideal, técnicas claves y consejos para obtener respuestas optimizadas y alineadas con tus objetivos.

Capítulo 2. Cómo construir el prompt perfecto

Navegando por el vasto océano de los modelos de lenguaje

Los modelos de lenguaje pueden compararse con un océano inmenso, un espacio vasto y profundo donde la información se extiende en todas direcciones. En sus aguas se encuentran conocimientos históricos, avances científicos, conceptos filosóficos y datos técnicos, todos interconectados y disponibles para explorarse.

Sin embargo, al igual que ocurre con un océano real, no basta con sumergirse en él sin rumbo, esperando encontrar exactamente lo que se busca sin una estrategia clara.

Cada pregunta que haces a un modelo de lenguaje es como lanzar un anzuelo al agua. Dependiendo de cómo estructures tu solicitud, podrías atrapar la respuesta exacta que necesitas o, por el contrario, terminar con algo inesperado o irrelevante.

La calidad del resultado dependerá de cómo formules la pregunta y de qué tan bien definas tu intención.

La pesca no es un acto aleatorio. No basta con arrojar el anzuelo y esperar cualquier pez. Un pescador experimentado sabe que debe elegir el cebo adecuado, encontrar el lugar correcto y aplicar la técnica precisa para conseguir la mejor captura.

Del mismo modo, en el mundo del prompting, no se trata solo de preguntar, sino de preguntar con propósito y precisión.

¿Pescar al azar o con intención?

Si un pescador lanza una red sin considerar la ubicación, la profundidad o el tipo de pez que desea atrapar, el resultado será impredecible. Podría capturar algo útil, pero también corre el riesgo de obtener una pesca irrelevante, o peor aún, nada en absoluto. En el mundo de los modelos de lenguaje, formular un prompt vago es equivalente a pescar sin un plan.

Lanzar una red al azar (prompt vago)

Un ejemplo típico de un prompt impreciso sería:

- «Háblame de historia».

Esta solicitud es demasiado amplia y carece de un enfoque claro. ¿Quieres información sobre la historia universal o sobre una civilización en particular? ¿Buscas un resumen general o detalles específicos sobre un evento? ¿Te interesa la historia desde una perspectiva política, económica o social?

Dado que la inteligencia artificial tiene acceso a una gran cantidad de datos sobre historia, pero sin una dirección clara, la respuesta que genere podría no ser lo que realmente necesitas.

En lugar de obtener información relevante, podrías recibir una respuesta genérica que no profundiza en el tema que te interesa.

Elegir el lugar correcto (prompt con intención)

En cambio, si defines con precisión lo que quieres saber, aumentas tus probabilidades de obtener una respuesta útil.

Un mejor prompt sería:

- «Quiero conocer un evento clave de la Revolución francesa».

Con esta instrucción, has reducido significativamente el rango de posibles respuestas. En lugar de navegar sin rumbo en un océano de información, ahora tienes una dirección clara: la Revolución francesa.

La IA podrá centrarse en los eventos más importantes de ese periodo y proporcionarte una respuesta más relevante.

En esta etapa, aún no nos enfocamos en la estructura técnica del prompt.

Más adelante, te explicaré cómo organizar un prompt perfecto, pero primero es fundamental comprender un principio esencial: la manera en que formulas las preguntas influye directamente en la calidad de la respuesta que obtienes.

El océano de la IA es inmenso: explora con propósito

Los modelos de lenguaje contienen un volumen de información tan vasto como el océano, pero la forma en que interactuamos con ellos define lo que descubrimos en cada consulta.

Si quieres explorar un tema de manera general, tu prompt puede asemejarse a una expedición en alta mar y, una vez allí, lanzar una red para descubrir qué tipo de respuestas puedes obtener.

Este enfoque es útil cuando buscas inspiración, ideas nuevas o información sobre un concepto que aún no conoces en profundidad.

Si buscas una respuesta concreta y detallada, debes actuar como un pescador con una caña dirigida a una especie en particular. Es decir, debes afinar la precisión de tu pregunta para asegurarte de que la respuesta contenga exactamente lo que necesitas.

Este método es ideal cuando trabajas en proyectos específicos, investigaciones o cuando requieres información puntual.

Si, en cambio, haces preguntas demasiado amplias o genéricas, corres el riesgo de capturar algo inesperado o irrelevante, como si lanzaras tu anzuelo sin saber en qué tipo de agua estás pescando.

Dado que el océano de información es inmenso, la clave está en aprender a formular preguntas que guíen a la IA hacia las respuestas más relevantes.

Pero ¿cómo asegurarnos de lanzar la caña en el lugar correcto? Para ello, en el siguiente apartado analizaremos cómo estructurar un prompt de manera efectiva, lo que garantizará que cada pregunta que hagamos sea clara, precisa y bien dirigida.

El prompt perfecto: el secreto está en la estructura

Si el prompt es nuestra caña de pescar, entonces su estructura es el diseño de la caña, el tipo de anzuelo y la forma en la que lanzamos la línea al agua. No basta simplemente con lanzar una pregunta al modelo de lenguaje y esperar un buen resultado.

Para obtener respuestas precisas y útiles, es necesario formular el prompt con un diseño claro y bien estructurado.

Un pescador experimentado no usa cualquier herramienta al azar. Antes de lanzar su caña, elige el tipo adecuado para la pesca que quiere realizar, selecciona el anzuelo correcto y se asegura de estar en el lugar donde es más probable encontrar el pez que busca.

Siguiendo esta analogía, un usuario que desee obtener respuestas útiles de la inteligencia artificial debe construir su prompt de manera estructurada, asegurando que la IA comprenda qué debe hacer y cómo debe responder.

La fórmula mágica para las indicaciones perfectas

No existe una única forma de estructurar un prompt perfecto, pero sí hay varios métodos probados que permiten obtener respuestas más precisas, organizadas y alineadas con tus objetivos. La clave está en proporcionar la información adecuada de manera clara y concisa, es decir, evitando ambigüedades y asegurando que la IA tenga un marco de referencia bien definido.

A continuación, te muestro ocho métodos eficaces para construir indicaciones estratégicas, independientemente del modelo de lenguaje utilizado. Cada uno ofrece una estructura diferente, lo que permite adaptarse a distintos tipos de solicitudes y necesidades.

Método 1: APE

El método **APE** se basa en tres elementos claves:

- **Acción**: Define la tarea específica que la IA debe realizar.
- **Propósito**: Explica el objetivo detrás de la solicitud.
- **Expectativa**: Indica el resultado esperado.

Ejemplo:

- Acción: «Desarrolla una estrategia de marketing de contenidos para nuestra nueva línea de zapatillas deportivas ecológicas».
- Propósito: «Pretendemos generar expectación y aumentar la conciencia entre nuestro público objetivo, los entusiastas del fitness apasionados por la sostenibilidad».
- Expectativa: «La estrategia debería involucrar a nuestra audiencia, crear un fuerte recuerdo de marca y apuntar a aumentar las preventas en al menos un 25 %».

Este método es útil para solicitudes enfocadas en planificación y estrategias detalladas.

Método 2: RACE

El método **RACE** se enfoca en estructurar el prompt en cuatro elementos fundamentales:

- **Rol**: Específica desde qué perspectiva debe responder la IA.
- **Acción**: Indica la tarea que se espera.
- **Contexto**: Proporciona detalles relevantes sobre la situación.
- **Expectativa**: Describe el resultado esperado.

Ejemplo:

- Rol: «Actúa como un asesor estratégico con dilatada experiencia en el comercio electrónico».
- Acción: «Sugiere un conjunto de técnicas de crecimiento de alto impacto y bajo coste».
- Contexto: «Esto es para una startup de comercio electrónico con una gama única de productos sostenibles que busca aumentar rápidamente su base de clientes».
- Expectativa: «El resultado esperado es una selección de tácticas de crecimiento prácticas y factibles adaptadas al comercio electrónico».

Este método es ideal para obtener respuestas estructuradas con un enfoque específico.

Método 3: COAST

El método **COAST** (por sus siglas en inglés) ayuda a formular prompts detallados al incluir cinco componentes claves:

- **Contexto**: Establece el entorno en el que se desarrolla la solicitud.
- **Objetivo**: Define lo que se espera lograr.
- **Acciones**: Explica los pasos necesarios.
- **Escenario**: Describe la situación en la que se aplicará la información.

- **Tarea**: Indica la acción puntual que debe realizar la IA.

Ejemplo:

- Contexto: «Con la llegada de nuevas leyes de privacidad, el uso de datos de terceros con fines de marketing se ha vuelto cada vez más restringido».
- Objetivo: «Nuestro objetivo es cambiar nuestra estrategia para centrarnos más en la recopilación y utilización de datos personales de nuestros usuarios».
- Acciones: «Esto implica configurar un marco eficiente de recopilación de datos en nuestras plataformas propias y adaptar nuestra estrategia de marketing».
- Escenario: «El cambio de estrategia se produce en medio del lanzamiento de nuestra nueva línea de productos el próximo mes».
- Tarea: «Desarrolla una propuesta detallada sobre cómo implementar este cambio de estrategia de manera efectiva».

Este método es útil para plantear escenarios específicos y obtener estrategias bien definidas.

Método 4: RISE

El método **RISE** (por sus siglas en inglés) permite estructurar indicaciones de manera detallada, enfocándose en cuatro aspectos:

- **Rol**: Define quién debe ser la IA dentro de la conversación.
- **Entrada**: Especifica los datos o insumos que debe considerar.
- **Pasos**: Solicita instrucciones detalladas.
- **Expectativa**: Define el resultado esperado.

Ejemplo:

- Rol: «Actúa como un estratega de contenidos experimentado».

- Entrada: «He recopilado información detallada sobre nuestra audiencia objetivo, incluidos sus intereses y preguntas comunes».
- Pasos: «Por favor, proporciona un plan de estrategia de contenido paso a paso, identificando temas claves, creando un calendario editorial y redactando contenido atractivo».
- Expectativa: «El objetivo es aumentar en un 40 % los visitantes mensuales de nuestro blog y mejorar nuestra posición como líderes en el sector».

Este método es eficaz para solicitar planes estructurados y detallados.

Método 5: TRACE

El método **TRACE** permite definir las indicaciones con mayor precisión mediante cinco elementos:

- **Tarea**: Define la labor específica que debe realizar la IA.
- **Solicitud**: Explica qué se espera obtener.
- **Acción**: Indica la acción que se requiere.
- **Contexto**: Proporciona información relevante.
- **Ejemplo**: Ilustra la solicitud con un caso práctico.

Ejemplo:

- Tarea: «Tu tarea es crear una campaña de marketing por correo electrónico».
- Solicitud: «Ayúdame en el desarrollo de líneas de asunto convincentes y contenido para el cuerpo del correo».
- Acción: «Necesitamos que redactes algunos ejemplos de estos».
- Contexto: «Este correo es para nuestra próxima venta de liquidación de fin de año, dirigida a nuestra base de clientes».

- Ejemplo: «Una campaña exitosa similar fue la de "Uh-oh, tu receta está por caducar" de Warby Parker, que aumentó significativamente la participación del cliente».

Este método es útil cuando se requiere un resultado específico con ejemplos claros.

Método 6: ERA

El método **ERA** simplifica las indicaciones en tres elementos esenciales:

- **Expectativa**: Explica lo que se espera lograr.
- **Rol**: Define la perspectiva desde la que debe responder la IA.
- **Acción**: Indica qué se necesita hacer.

Ejemplo:

- Expectativa: «Esperamos aumentar nuestras tasas de apertura de correo electrónico en un 20 % dentro del próximo trimestre».
- Rol: «Actúa como el jefe del equipo de marketing; tu responsabilidad incluye diseñar estrategias exitosas».
- Acción: «Por favor, proporciona un plan detallado para optimizar nuestros asuntos de correo electrónico, contenido y temporización».

Este método es ideal para obtener respuestas enfocadas en objetivos específicos.

Método 7: CARE

El método **CARE** organiza la información en cuatro pilares:

- **Contexto**: Explica el entorno de la solicitud.
- **Acción**: Detalla la tarea que debe realizarse.
- **Resultado**: Define el impacto esperado.
- **Ejemplo**: Proporciona un caso similar como referencia.

Ejemplo:

- Contexto: «Nuestra empresa ha lanzado recientemente una línea de ropa sostenible».
- Acción: «Crea una campaña publicitaria dirigida que enfatice nuestro compromiso con el medio ambiente».
- Resultado: «Queremos aumentar la conciencia y las ventas del producto».
- Ejemplo: «Una campaña exitosa similar fue "No compres esta chaqueta" de Patagonia».

Método 8: ROSES

El método **ROSES** (por sus siglas en inglés) se centra en cinco elementos:

- **Rol**: Define la función de la IA.
- **Objetivo**: Establece el propósito de la tarea.
- **Escenario**: Describe la situación actual.
- **Solución esperada**: Explica el resultado deseado.
- **Pasos**: Detalla las acciones necesarias.

Cada uno de estos métodos proporciona una estructura efectiva para formular prompts precisos, adaptados a diferentes necesidades.

Lo que tienen en común todas las fórmulas de prompting

Las ocho fórmulas de prompting descritas en este capítulo tienen en común varios principios que optimizan la interacción con la inteligencia artificial y garantizan respuestas más precisas y estructuradas.

Estos elementos compartidos son:

1. Estructuración clara y lógica

Cada fórmula divide la solicitud en partes específicas; eso asegura que la IA interprete correctamente la intención del usuario. Todas incluyen una estructura que desglosa los componentes esenciales de la petición.

2. Inclusión de contexto relevante

Sin contexto, la IA puede generar respuestas genéricas o imprecisas. Todas las fórmulas incorporan una sección que proporciona información de fondo, ya sea sobre el usuario, la situación o los objetivos de la solicitud.

3. Definición explícita del objetivo

Cada método se enfoca en dejar claro qué se espera obtener como resultado. Ya sea una respuesta breve, un análisis detallado, una lista o una solución técnica, la IA recibe instrucciones precisas sobre el formato y la extensión de la respuesta.

4. Uso de un verbo de acción

Las fórmulas incluyen un verbo que indica la tarea específica que la IA debe realizar, como explicar, analizar, generar, comparar o resumir. Esto ayuda a evitar respuestas ambiguas o irrelevantes.

5. Especificación del formato de respuesta

Algunas fórmulas hacen énfasis en definir cómo debe estructurarse la respuesta (listas, párrafos, tablas, ejemplos, código, etc.), lo que mejora la organización y claridad del resultado.

6. Adaptabilidad según el contexto

Cada fórmula se puede aplicar en distintos escenarios, ya sea para marketing, redacción de contenido, generación de código, análisis de datos o atención al cliente. Esto hace que sean herramientas versátiles y aplicables a diversas áreas.

7. Uso del rol adecuado

Métodos como **RACE y RISE** incluyen un rol específico para la IA (experto en finanzas, programador senior, asesor de marketing, etc.), lo que permite obtener respuestas más alineadas con la perspectiva esperada.

8. Expectativas bien definidas

Las fórmulas detallan claramente qué nivel de profundidad y precisión se espera en la respuesta, evitando que la IA genere información innecesaria o superficial.

En resumen, todas estas fórmulas comparten un enfoque basado en la precisión, la claridad y la organización estructurada del prompt. Su propósito es minimizar la ambigüedad y mejorar la calidad de las respuestas que genera la IA.

Crea tu propia fórmula de prompting

Las fórmulas descritas en este capítulo son muy efectivas para estructurar prompts de manera clara y precisa, pero no son reglas inquebrantables. No es necesario que te limites a una de ellas.

De hecho, la mejor manera de optimizar tus interacciones con la IA es experimentar y desarrollar tu propio enfoque, adaptado a tus necesidades y tu estilo personal.

Cada usuario tiene objetivos distintos, y lo que funciona en un caso puede no ser la mejor opción en otro. Por ello, puedes combinar elementos de distintas fórmulas o incluso diseñar la tuya propia.

A continuación, compartiré una fórmula que he desarrollado y que utilizo con éxito en mis interacciones con la IA. Te explicaré su estructura y por qué la considero útil.

Mi prompt «perfecto» incluye al menos estos cinco elementos esenciales:

1. Rol que asume el modelo.
2. Tarea que realizar.
3. Contexto para la tarea.
4. Formato de respuesta.
5. Ejemplos.

A continuación, explicaré con detalle cada uno de estos elementos y su importancia dentro de un prompt bien diseñado.

1. Rol que asume el modelo

¿Por qué es importante?

Los modelos de lenguaje pueden generar respuestas desde múltiples perspectivas y estilos. Si no se le indica un rol específico, la IA responderá de forma general, sin un enfoque definido.

Sin embargo, cuando se le asigna un rol concreto, se le proporciona una orientación clara que permite que la respuesta se ajuste mejor a la expectativa del usuario.

Por ejemplo, una instrucción como «Explica el cambio climático» es demasiado amplia. La IA podría responder desde una perspectiva científica, social, política o incluso económica.

Si el objetivo es obtener una explicación didáctica para un estudiante, la mejor opción sería definir un rol en el prompt:

✔ «Actúa como un profesor de ciencias y explica el cambio climático a un estudiante de secundaria».

Este simple ajuste garantiza que la IA estructure la respuesta desde un punto de vista educativo, es decir, utilizará un lenguaje más accesible y adaptado al nivel del destinatario.

Ejemplos de roles aplicados en un prompt:

- «Actúa como un historiador y describe la caída del Imperio romano».
- «Responde como un crítico de cine y analiza la película Interstellar».
- «Simula ser un programador senior y revisa este código en Python, sugiriendo mejoras».

Cada uno de estos roles delimita la perspectiva desde la que la IA debe responder, lo que dará lugar a resultados más útiles y alineados con la intención del usuario.

2. Tarea que realizar

¿Por qué es importante?

Para que un modelo de lenguaje genere una respuesta útil, es fundamental definir con claridad qué acción debe realizar. Un prompt sin un verbo de acción preciso puede dar lugar a respuestas ambiguas o abiertas a múltiples interpretaciones.

Por ejemplo, el prompt «Cuéntame sobre Marte». no deja en claro si el usuario quiere un resumen de la historia de la exploración del planeta, información sobre su geología o datos sobre posibles misiones futuras.

Un prompt más estructurado, con un verbo de acción bien definido, facilitará una respuesta más alineada con la necesidad del usuario:

✔ «Resume en cinco puntos los datos más relevantes sobre Marte».

El uso de verbos específicos ayuda a precisar la tarea.

Algunos ejemplos de verbos de acción efectivos:

- Genera una lista de diez ideas para un negocio online.
- Explica el concepto de blockchain con un lenguaje simple.

- Escribe un guion corto de ciencia ficción basado en la colonización de Marte.

Cada uno de estos prompts deja claro lo que se espera de la IA, evitando así respuestas innecesariamente largas o fuera de contexto.

3. Contexto para la tarea

El contexto es lo que permite personalizar la respuesta de la IA y adaptarla a las necesidades específicas del usuario. Proporcionar contexto no solo ayuda a que la IA interprete correctamente la pregunta, sino que también le da información clave sobre quién es el usuario, qué necesita exactamente y en qué circunstancias aplicará la respuesta.

Un modelo de lenguaje puede responder de muchas formas ante una misma pregunta, pero sin contexto, la respuesta será demasiado general o podría desviarse de la intención original del usuario.

Para obtener información precisa y útil, es necesario incluir detalles específicos que permitan que la IA adapte su respuesta a la situación del usuario.

Por ejemplo, un prompt como:

✕ «Resume la historia de la Revolución francesa».

Podría generar una respuesta de múltiples maneras: un resumen de dos líneas, una cronología detallada, un análisis de su impacto global o incluso una narración de los eventos principales.

Sin una indicación clara, la IA elegirá una de estas opciones según su propio criterio, lo que podría no coincidir con lo que realmente necesita el usuario.

En cambio, si se proporciona contexto, la IA podrá personalizar su respuesta y enfocarla en los aspectos más relevantes para el usuario:

✔ «Resume la historia de la Revolución francesa en un párrafo; destaca sus causas principales y su impacto en la política moderna. La respuesta debe estar dirigida a un estudiante de secundaria con un lenguaje claro y sencillo».

En este caso, el prompt no solo establece el contenido que se espera en la respuesta (un resumen con causas y consecuencias), sino que también define para quién está dirigida la información (un estudiante de secundaria). Esto permite que la IA adapte su lenguaje y el nivel de detalle de acuerdo con el destinatario.

Cómo aportar un contexto útil y relevante

Para que la IA personalice su respuesta, el contexto debe incluir información sobre:

El usuario o destinatario de la respuesta

- ¿Se dirige a un experto, un principiante o un público general?
- ¿Es para un niño, un estudiante universitario o un profesional en un área específica?

El propósito o la aplicación de la respuesta

- ¿Se necesita la información para un informe, una conversación informal o un contenido educativo?
- ¿El usuario busca una explicación técnica o una descripción accesible para el público general?

El enfoque y el nivel de profundidad

- ¿Debe ser una respuesta breve o un análisis detallado?
- ¿Deben incluirse ejemplos o referencias adicionales?

Ejemplos de prompts con y sin contexto

Sin contexto:

✕ «Describe las ventajas del teletrabajo».

La respuesta podría ser demasiado general y abarcar aspectos poco relevantes para el usuario.

Con contexto personalizado:

✔ «Describe las ventajas del teletrabajo específicamente para pequeñas empresas en 2024; considera los retos actuales del mercado laboral y las nuevas tecnologías de trabajo remoto».

Ahora la IA sabe que debe enfocar la respuesta en las pequeñas empresas, en el contexto actual y en cómo la tecnología influye en este entorno.

Sin contexto:

✕ «Explica qué es la energía solar».

La IA podría generar una respuesta técnica, una explicación básica o una perspectiva histórica, no tendría forma de saber cuál es la más útil.

Con contexto personalizado:

✔ «Explica qué es la energía solar y cómo puede ayudar a reducir costes en el hogar. Responde en un tono accesible para personas sin conocimientos técnicos sobre energía».

Se le indica a la IA el propósito de la información (reducir costos en el hogar) y el nivel de conocimiento del usuario (personas sin conocimientos técnicos).

Sin contexto:

✕ «Escribe un cuento de terror».

La IA podría generar cualquier tipo de historia sin relación con lo que el usuario realmente busca.

Con contexto personalizado:

✔ «Escribe un cuento corto de terror ambientado en un pueblo abandonado, con un protagonista que descubre que los habitantes desaparecieron misteriosamente. Mantén un tono de suspense y final abierto».

La IA ahora tiene una dirección clara y generará una historia más alineada con lo que el usuario espera.

4. Formato de respuesta

¿Por qué es importante?

La manera en que se presenta una respuesta influye directamente en su claridad, su utilidad y la facilidad para comprenderla.

Cuando un usuario hace una pregunta a la IA sin especificar cómo quiere recibir la respuesta, el modelo puede generar el contenido en distintos formatos: un párrafo extenso, una lista sin estructura definida, un ensayo detallado o incluso algo inesperado. Esto puede hacer que la información obtenida no sea tan accesible ni tan fácil de utilizar como el usuario necesita.

Por esta razón, definir el formato de salida es una buena estrategia para optimizar la calidad de las respuestas.

Al indicar un formato específico en el prompt, se puede obtener una respuesta más organizada, estructurada y alineada con el propósito del usuario.

Cómo influye el formato en la calidad de la respuesta

Cuando la IA no recibe indicaciones sobre cómo estructurar su respuesta, tomará una decisión basada en lo que considera más adecuado según su entrenamiento, lo que no siempre coincide con lo que el usuario esperaba.

Por ejemplo, si alguien pide:

✕ «Dame ideas de nombres para un restaurante de sushi».

El modelo podría responder con una lista desordenada, sin ninguna explicación adicional ni categorización. Algunos nombres podrían ser aleatorios y sin contexto, lo que haría que la respuesta pierda valor práctico.

En cambio, si el usuario define el formato con precisión, la respuesta será mucho más clara y útil:

✔ «Genera una tabla con cinco nombres creativos para un restaurante de sushi, debes indicar el significado de cada uno y la idea que lo inspira».

Al recibir esta instrucción, la IA generará una tabla estructurada con tres columnas: el nombre del restaurante, su significado y la idea que lo inspira. Esto no solo mejora la organización de la información, sino que también facilita su análisis y su selección.

5. Ejemplos

¿Por qué son importantes los ejemplos en un prompt?

Cuando un usuario interactúa con un modelo de lenguaje, espera que la respuesta sea lo más alineada posible con sus necesidades.

Sin embargo, la IA tiene múltiples formas de responder a una misma instrucción, dependiendo de cómo interprete la solicitud.

Si un prompt no está bien definido, la IA podría generar una respuesta demasiado genérica, extensa o incluso en un tono o un estilo que no era el esperado.

Para evitar esto, incluir ejemplos dentro del prompt es una de las estrategias más efectivas. Los ejemplos le proporcionan al modelo una referencia clara del tipo de respuesta que se espera, y eso lo ayuda a interpretar mejor el tono, la estructura y el nivel de detalle deseado.

Un ejemplo bien formulado actúa como una plantilla que guía la respuesta, lo que asegura que se ajuste a las expectativas del usuario.

Cómo un ejemplo mejora la respuesta de la IA

Para ilustrar la importancia de los ejemplos, tomemos un caso práctico:

Prompt sin ejemplo:

✕ «Genera una descripción de producto para una tienda online».

Este prompt es demasiado abierto. La IA podría generar una descripción técnica, una descripción de marketing persuasiva o incluso algo demasiado genérico.

Sin un ejemplo, la respuesta no tendrá un modelo claro que seguir.

Prompt con ejemplo:

✔ «Genera una descripción de producto para una tienda online. Por ejemplo: Producto: Auriculares inalámbricos X200. Descripción: "Experimenta la mejor calidad de sonido con los auriculares X200. Diseño ergonómico, batería de 20 horas y tecnología de cancelación de ruido"».

Al incluir este ejemplo, la IA sabe que la descripción debe ser breve, destacar características claves del producto y estar escrita en un tono atractivo para ventas. Ahora, cualquier nueva descripción que genere se ajustará a este formato.

Tipos de ejemplos que pueden mejorar un prompt

Dependiendo de la tarea que se le asigne a la IA, los ejemplos pueden tomar distintas formas. A continuación, vemos algunos tipos de ejemplos que pueden mejorar significativamente la precisión y la calidad de la respuesta:

1. Ejemplo de estructura

Si se espera que la respuesta siga una estructura específica, un ejemplo puede definir con claridad cómo debe organizarse la información.

Prompt sin ejemplo:

✖ «Resume este artículo sobre cambio climático».

Prompt con ejemplo:

✔ «Resume este artículo sobre cambio climático en tres párrafos:

- Párrafo 1: Explicación breve del problema.
- Párrafo 2: Principales causas y consecuencias.
- Párrafo 3: Posibles soluciones y acciones recomendadas».

Aquí, la IA ya tiene una guía sobre cómo organizar el contenido.

2. Ejemplo de tono o estilo

Si la respuesta debe tener un tono formal, técnico o conversacional, incluir un ejemplo ayuda a la IA a ajustar el lenguaje.

Prompt sin ejemplo:

✖ «Explica qué es la inteligencia artificial».

Prompt con ejemplo:

✔ «Explica qué es la inteligencia artificial con un tono accesible, similar a cómo un profesor de secundaria explicaría el concepto a sus alumnos. Ejemplo: "La inteligencia artificial es como un cerebro electrónico que aprende de la información que recibe y la usa para tomar decisiones o resolver problemas, de manera similar a cómo aprendemos los humanos"».

Este ejemplo indica a la IA que debe evitar términos demasiado técnicos y utilizar un lenguaje más didáctico.

3. Ejemplo de formato de respuesta

Si se necesita que la respuesta siga un formato específico, un ejemplo puede indicarle a la IA cómo organizar la información.

Prompt sin ejemplo:

✗ «Dame ideas de nombres para una aplicación móvil de educación».

Prompt con ejemplo:

✔ «Genera una tabla con cinco ideas de nombres para una aplicación móvil de educación. La tabla debe incluir una breve explicación del significado de cada nombre. Ejemplo:

Nombre	Significado
EduGo	Plataforma de aprendizaje en movimiento
LearnMate	Tu compañero de estudio digital
SmartClass	Clases inteligentes accesibles desde cualquier lugar

Con este ejemplo, la IA sabrá que la respuesta debe presentarse en una tabla estructurada.

4. Ejemplo de contenido específico

Si el usuario espera una respuesta con cierto tipo de información, un ejemplo puede ayudar a enfocar la IA en el tipo de contenido correcto.

Prompt sin ejemplo:

✗ «Escribe un análisis sobre la película Interestelar».

Prompt con ejemplo:

✔ «Escribe un análisis sobre la película Interestelar. Enfócate en su representación científica del espacio y los viajes interestelares. Ejemplo de estructura:

1. Introducción breve sobre la película y su contexto.
2. Explicación de los conceptos científicos utilizados, como la relatividad y los agujeros negros.
3. Comparación entre la precisión científica y la ficción en la película.
4. Conclusión sobre el impacto de la película en la divulgación científica».

Esto indica a la IA que el análisis debe centrarse en la ciencia y no en otros aspectos como, por ejemplo, la cinematografía o la narrativa.

Errores comunes al usar ejemplos en un prompt

Si bien incluir ejemplos es una técnica muy efectiva, es importante utilizarlos correctamente. Algunos errores comunes incluyen:

Ejemplos demasiado vagos o ambiguos:

Un mal ejemplo puede confundir a la IA en lugar de ayudarla.

✕ «Escribe un resumen de un libro como este: "Es un libro interesante sobre la historia"».

Este ejemplo no aporta ninguna información útil sobre la estructura o el tono esperado.

✔ «Escribe un resumen de un libro siguiendo este formato:

Título

Autor

Sinopsis en tres líneas»

Ejemplos excesivamente complejos:

Si el ejemplo es demasiado detallado, la IA puede replicarlo en lugar de generar una respuesta original.

✕ «Escribe un diálogo entre dos personajes.

Ejemplo:

Juan: "Hola, Pedro, ¿cómo estás?"

Pedro: "Bien, Juan, ¿y tú?"

Juan: "Todo en orden. ¿Quieres ir a jugar al fútbol?"

Pedro: "Sí, claro."«

En este caso, el ejemplo es tan simple que la IA podría limitarse a repetir el patrón en lugar de crear un diálogo original.

✔ «Escribe un diálogo entre dos personajes en el que discutan sobre la importancia de la inteligencia artificial en la educación.

Ejemplo:

- Personaje 1: Opinión a favor con argumentos.
- Personaje 2: Opinión en contra con argumentos.
- Personaje 1: Refutación de los puntos del personaje 2.
- Personaje 2: Conclusión del debate».

¿Por qué el rol es más importante de lo que crees?

Cuando interactuamos con un modelo de lenguaje, estamos navegando en un vasto océano de conocimiento, donde la información se encuentra dispersa en múltiples direcciones. Sin una guía clara, este mar de datos puede volverse abrumador, y las respuestas que obtenemos pueden ser demasiado generales o alejadas de lo que realmente buscamos.

En esta travesía, asignar un rol al modelo de lenguaje es el equivalente a designar a un capitán para nuestro barco. Un barco sin capitán navega sin rumbo, por lo que deja su destino al azar. Podría llegar a un buen puerto, pero también podría desviarse o quedar a la deriva.

En el mundo del prompting, el rol es el elemento clave que define desde qué perspectiva responderá la IA y qué tipo de conocimientos aplicará en su respuesta.

Si no establecemos un rol adecuado, el modelo podría interpretar la pregunta de distintas maneras, y eso generaría respuestas que no cumplen con nuestras expectativas.

Definir un rol cambia la calidad de la respuesta

Cuando no asignamos un rol específico, la IA intenta responder de la mejor manera posible basándose en patrones generales de texto. Sin embargo, esto puede hacer que la respuesta sea demasiado amplia o ambigua, ya que el modelo no tiene una dirección clara.

Ejemplo sin rol definido:

✕ «Explícame la evolución del dinero».

Este prompt es demasiado general. La IA podría hablar de múltiples aspectos:

- La transición del trueque al uso de monedas.
- El desarrollo de los billetes y los bancos centrales.
- La llegada de las tarjetas de crédito y las transferencias electrónicas.
- El impacto de las criptomonedas en el sistema financiero actual.

El resultado puede ser una respuesta extensa que no se centre en el aspecto que realmente interesa al usuario.

Ejemplo con rol definido:

✔ «Actúa como un economista y explica cómo la evolución del dinero ha influido en los sistemas financieros actuales».

Al incluir un rol específico (economista), la IA sabe que debe enfocar su respuesta desde un punto de vista financiero y académico, es decir, relacionando la evolución del dinero con la estructura económica actual. Esto genera una respuesta más precisa, útil y alineada con lo que el usuario busca.

Asignar un rol ayuda a estructurar la conversación y a orientar la información, de la misma manera en que un capitán dirige un barco para alcanzar su destino sin desviaciones innecesarias.

Elegir al capitán adecuado para cada viaje

No todos los viajes requieren el mismo tipo de capitán. Dependiendo del tipo de información que se busque, es necesario asignar un rol distinto a la IA para garantizar que la respuesta sea pertinente y útil.

Ejemplo de roles según el contexto:

Profesor:

✔ «Actúa como un profesor de historia y explica la caída del Imperio romano a un estudiante de secundaria».

La IA utilizará un lenguaje accesible y estructurará su respuesta de manera didáctica.

Analista financiero:

✔ «Responde como un analista financiero y evalúa los efectos de la inflación en los mercados emergentes».

La respuesta se centrará en aspectos económicos con datos relevantes sobre mercados específicos.

Artista:

✔ «Simula ser un pintor del Renacimiento y describe cómo la luz influye en la composición de una obra».

La IA responderá desde la perspectiva de un pintor clásico y referirá técnicas artísticas y movimientos históricos.

Científico:

✔ «Responde como un físico y explica la teoría de la relatividad con un lenguaje accesible para principiantes».

La explicación será sencilla y estará enfocada en ejemplos comprensibles para personas sin conocimientos avanzados en física.

Legislador:

✔ «Actúa como un abogado especializado en derecho digital y analiza cómo afectan las nuevas regulaciones de privacidad a las empresas tecnológicas».

La respuesta estará basada en un enfoque legal y con referencias a normativas específicas.

Al elegir el rol adecuado, se garantiza que la IA utilice el conocimiento correcto y lo presente de la manera más útil para el usuario.

Capitanes expertos vs. capitanes inexpertos: Cómo elegir el mejor rol

No todos los capitanes tienen el mismo nivel de experiencia. Al definir un rol para la IA, es importante encontrar el equilibrio entre ser lo suficientemente específico como para guiar la respuesta y no restringir demasiado la información que se puede recibir.

Ejemplo de un rol demasiado genérico:

✖ «Responde como un experto y dime los beneficios del ejercicio».

«Experto» es un término demasiado amplio. ¿Experto en qué? ¿Medicina, fisiología, psicología del deporte? La IA podría abordar la respuesta desde distintas áreas, sin saber cuál es la que realmente interesa al usuario.

Ejemplo de un rol bien definido:

✔ «Responde como un entrenador personal experimentado y explica los beneficios del ejercicio para mejorar la resistencia cardiovascular».

Ahora la IA sabe que debe centrarse en la resistencia cardiovascular y que debe proporcionar información desde la perspectiva de un entrenador personal con experiencia.

Ejemplo de un rol demasiado restringido:

✕ «Responde como un entrenador de maratón olímpico y dime si debo correr 10 km diarios para mejorar mi velocidad».

Este nivel de especificidad puede ser útil en casos muy concretos, pero si el usuario busca una visión más general del entrenamiento de velocidad, esta limitación puede hacer que se pierda información valiosa.

Consejo: Si la IA no responde como se esperaba, se puede ajustar el rol para encontrar el nivel adecuado de precisión.

¿Qué pasa si no defines un rol?

Si no se asigna un rol, la IA intentará determinar por sí misma desde qué perspectiva responder. En algunos casos, esto puede ser suficiente, pero en otros, puede generar respuestas demasiado superficiales o poco alineadas con lo que el usuario realmente necesita.

Pedir información sin definir un rol es como navegar sin rumbo en el océano de datos. Se puede llegar a un destino útil por casualidad, pero no hay garantía de que la información obtenida sea la más relevante o la mejor estructurada.

Asignar un rol no solo guía la IA hacia la mejor respuesta, sino que también ayuda al usuario a formular su pregunta de manera más precisa.

La magia de crear un contexto que el modelo entienda

Si el rol es el capitán del barco, el contexto es el mapa que usa para navegar. Así como un capitán experto necesita un mapa claro para llevar su barco al destino correcto, un modelo de lenguaje necesita un contexto bien definido para ofrecer respuestas precisas y útiles.

Sin un buen mapa, incluso el mejor capitán puede perderse; sin un buen contexto, incluso el mejor modelo de IA puede desviarse de tu objetivo.

¿Qué es el contexto?

El contexto es el conjunto de información adicional que rodea una conversación o una pregunta. Es el marco de referencia que permite interpretar correctamente el significado de una frase o una solicitud.

En las interacciones humanas, el contexto nos ayuda a comprender no solo lo que se dice, sino también cómo y por qué se dice.

Para ilustrarlo con un ejemplo cotidiano, supongamos que le dices a un amigo: «Hace frío aquí». Si ambos estáis en una habitación con la ventana abierta en pleno invierno, tu amigo entenderá de inmediato que estás señalando el frío de la habitación y que, posiblemente, deseas que cierre la ventana. Sin embargo, si no conoce el entorno o la situación en la que te encuentras, la frase perdería claridad.

En una conversación, el contexto puede incluir distintos elementos:

- **Quiénes están hablando**: No es lo mismo dirigirse a un niño que a un adulto, a un experto en un tema que a un principiante.

- **Dónde ocurre la conversación**: La misma frase puede tener diferentes significados dependiendo del entorno en el que se utilice.
- **Qué ocurrió antes**: La información previa influye en cómo interpretamos lo que se dice en el presente.
- **Por qué se hace una pregunta**: No es igual preguntar algo por curiosidad que hacerlo porque se necesita tomar una decisión importante.

Cuando las personas conversan, interpretan el contexto de manera intuitiva.

Sin embargo, cuando interactuamos con una inteligencia artificial, el contexto debe proporcionarse explícitamente para que el modelo pueda generar respuestas relevantes y alineadas con lo que realmente queremos saber.

¿Por qué el contexto es importante en una conversación?

El contexto es lo que da sentido a las palabras. En una conversación humana, nos permite interpretar indirectas, matices y dobles significados. Sin contexto, una misma frase podría tener múltiples interpretaciones, lo que llevaría a confusión o malentendidos.

Tomemos como ejemplo la frase: **«¡No me digas!».**

Si una persona la dice después de escuchar una noticia sorprendente, el significado es claro: está expresando asombro. Sin embargo, si se interpreta de manera literal, podría parecer que realmente está pidiendo que no se le diga nada. Lo que permite diferenciar una interpretación de otra es el contexto en el que se dice.

Cuando hablamos con otras personas, contamos con herramientas como el tono de voz, los gestos y las expresiones faciales, que enriquecen el contexto. Pero cuando interactuamos con un modelo de lenguaje, este solo tiene acceso a las palabras escritas, lo que hace que su capacidad de interpretar el contexto sea mucho más limitada.

Diferencias entre el contexto en las conversaciones humanas y en los modelos de lenguaje

Las personas somos expertas en captar y usar el contexto. Podemos hacer referencias implícitas, interpretar gestos o entender lo que alguien sugiere sin necesidad de que lo diga directamente.

Por ejemplo, si estás en una fiesta y alguien mira su reloj mientras dice: «¿Has visto qué hora es?», probablemente entenderás que esa persona insinúa que ya es tarde y quiere irse. No está preguntando la hora en sí, sino sugiriendo algo a través del contexto.

En cambio, los LLM no tienen esta capacidad de interpretación implícita. No pueden ver tu entorno, percibir tu tono de voz ni inferir intenciones ocultas. Su forma de manejar el contexto es completamente textual y depende exclusivamente de la información que le proporcionas dentro de la conversación.

Para visualizar esta diferencia, imaginemos que estás hablando con alguien que lleva una venda en los ojos y tapones en los oídos. Esa persona solo puede comprender lo que escribes en una hoja de papel y responder en función de lo que está escrito. Si omites información clave, la inteligencia artiricial no podrá adivinar lo que realmente quieres decir.

Así es como un modelo de lenguaje maneja el contexto: solo trabaja con el texto que se le proporciona en la conversación actual.

Cómo proporcionar el contexto adecuado

1. Especifica claramente el tema de la pregunta

Si tu pregunta puede aplicarse a distintos ámbitos, indícale a la IA a qué te refieres para evitar respuestas ambiguas.

Ejemplo de pregunta sin contexto:

✕ «Dime cómo mejorar mi comunicación».

Problema: La IA no sabe si te refieres a mejorar la comunicación oral, escrita, en redes sociales o en relaciones interpersonales.

Ejemplo con contexto específico:

✔ «Dime cómo mejorar mi comunicación en reuniones de trabajo».

Solución: Ahora la IA sabe que debe enfocarse en el ámbito laboral y en reuniones específicamente.

2. Menciona detalles claves si son relevantes

Si la IA necesita conocer información previa para responder de manera efectiva, inclúyela dentro del prompt.

Ejemplo de pregunta sin suficiente información:

✕ «Dime cómo solucionar esto».

Problema: La IA no sabe a qué problema te refieres, lo que hace que la respuesta pueda ser irrelevante o demasiado general.

Ejemplo con información clave:

✔ «Mi ordenador se apaga repentinamente al encenderlo. ¿Cuál podría ser el problema?».

Solución: Ahora la IA puede enfocarse en problemas específicos relacionados con apagados repentinos en ordenadores.

3. En conversaciones largas, refuerza la información importante

Si has mencionado un detalle importante en la conversación y necesitas retomarlo más adelante, asegúrate de incluirlo nuevamente en tu pregunta.

Ejemplo sin refuerzo de contexto:

✗ «¿Qué más puedo hacer?».

Problema: Si la conversación ha sido larga, la IA podría haber olvidado de qué tema estás hablando.

Ejemplo con contexto reforzado:

✔ «Además de la dieta que mencionaste antes, ¿qué más puedo hacer para mejorar la digestión de mi perro?».

Solución: Al recordar el tema de la conversación, la IA puede dar una respuesta más coherente y útil.

Ejemplos de buenas y malas prácticas

Como hemos visto, saber proporcionar contexto correctamente es clave para obtener las mejores respuestas. Aquí te presento algunos ejemplos de buenas y malas prácticas:

Buena práctica: Contexto claro y específico.

- **Ejemplo:** «Quiero preparar una cena rápida y saludable para dos personas. ¿Qué recetas me recomiendas?».
- **Por qué funciona:** Aquí le das un contexto claro: la cena debe ser rápida, saludable y para dos personas. Esto permite que sugiera recetas que se ajusten exactamente a lo que buscas.

Mala práctica: Pregunta demasiado general

- **Ejemplo:** «Dime algo interesante».
- **Problema:** Esta pregunta es demasiado amplia. «Algo interesante» puede ser cualquier cosa, desde datos curiosos hasta noticias actuales. Sin contexto, el modelo podría darte una respuesta que no sea relevante o que no cumpla con tus expectativas.

Buena práctica: Contexto continuado en conversaciones largas.

- **Ejemplo:** «Ya hablamos de los ingredientes de la pizza, ahora, ¿cómo debo hornearla para que quede crujiente?».
- **Por qué funciona:** Al referenciar la conversación previa («los ingredientes de la pizza»), mantienes el contexto y guías al modelo a la siguiente etapa del proceso; esto evita respuestas repetitivas o irrelevantes.

Mala práctica: Cambio de tema sin indicarlo.

- **Ejemplo:** Estás hablando sobre películas y, de repente, preguntas: «¿Qué hay de las luces?»., sin aclarar que has cambiado de tema a iluminación.
- **Problema:** El modelo podría confundirse y pensar que te refieres a las luces de una película en lugar de las luces de una habitación, por ejemplo. Esto resalta la importancia de ser claro cuando cambias de tema.

Buena práctica: Preguntar con un escenario específico.

- **Ejemplo:** «Tengo una presentación en la escuela sobre energía renovable. ¿Puedes darme algunos datos interesantes para incluir?».
- **Por qué Funciona:** Aquí proporcionas un escenario específico (una presentación escolar) y un tema (energía renovable). Esto le da al LLM un marco claro para trabajar y ofrecer información relevante.

Entender la ventana de contexto

Un modelo de lenguaje tiene memoria dentro de una misma conversación. Esto se debe a la ventana de contexto: un espacio gracias al que la IA recuerda los mensajes anteriores mientras no se supere su límite.

Es como un bloc de notas donde todo lo que dices queda registrado durante la charla, pero que se borra al iniciar una nueva.

¿Cómo es posible que la IA recuerde lo que has dicho en una misma conversación? Gracias a esta ventana de contexto, que almacena los mensajes previos para dar coherencia al diálogo.

¿Qué es la ventana de contexto?

Imagina que la conversación con una IA es como escribir en una pizarra. La ventana de contexto es el espacio disponible en esa pizarra: la IA puede recordar lo que has escrito mientras pueda verlo. Pero si la pizarra se llena y escribes más, se borrará parte de lo anterior, y la IA ya no recordará lo que se borró.

En términos técnicos, la ventana de contexto es la cantidad de texto (tokens) que un modelo puede procesar y recordar dentro de una misma conversación. Una vez que superas ese límite, el modelo olvida los primeros mensajes porque ya no están visibles en su pizarra.

Cómo la IA recuerda durante una conversación

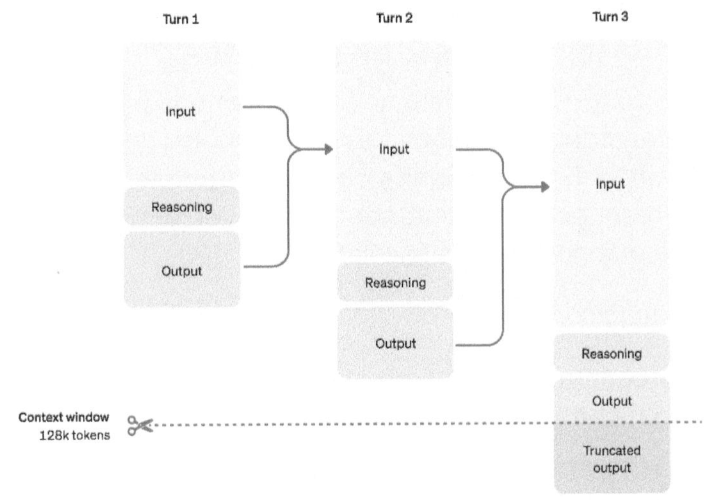

Imagen extraída de OpenaAI.

Imagina que estás conversando con alguien y recuerdas lo que ambos han dicho en los últimos minutos, pero no todo lo que han hablado desde que se conocieron. Los modelos de IA funcionan de manera similar gracias a la ventana de contexto.

En la imagen, cada turno (turn 1, turn 2, turn 3) representa un intercambio entre tú y la IA. Cada turno incluye:

- **Input** (en verde): Lo que escribes o pides a la IA.
- **Output** (en azul): La respuesta que te da la IA.

La ventana de contexto es el espacio limitado donde la IA recuerda lo que se ha dicho en la conversación. Al principio, puede recordar todo (inputs y outputs previos), pero a medida que la conversación avanza y se llena esta «ventana», los primeros mensajes comienzan a recortarse o desaparecer, como muestra el área más oscura (truncated output) al final.

¿Por qué ocurre esto? Porque la IA solo puede «guardar en su memoria» una cantidad limitada de texto en cada conversación. Cuando se supera este límite, la información más antigua se corta para dar espacio a la nueva, lo que puede hacer que la IA olvide detalles de los primeros mensajes.

¿Por qué importa esto en prompting?

Porque, aunque un modelo no tenga memoria permanente, sí puede recordar todo lo que has dicho dentro de esa ventana de contexto. Esto te permite construir prompts paso a paso, refinar respuestas y mantener una conversación coherente, siempre que no excedas ese límite.

Por ejemplo:

- Si preguntas: «Explícame qué es el machine learning», la IA lo recordará mientras sigas conversando.
- Si luego pides: «Ahora dime cómo se relaciona con el big data», entenderá que sigues hablando de machine learning, y todo gracias a la ventana de contexto.

Pero si la conversación es muy larga, los primeros mensajes pueden perderse y la IA ya no recordará lo que dijiste al inicio.

Un punto clave para tus prompts

Aunque los modelos no tienen memoria como los humanos, dentro de una misma conversación puedes aprovechar la ventana de contexto para dar instrucciones progresivas. Sin embargo, es importante ser consciente de este límite, porque cuando se supera, la IA solo recordará lo más reciente.

Esta breve explicación no busca abrumarte con detalles técnicos, sino ayudarte a entender que cada palabra que usas, y cuánto texto acumulas en una conversación, influye en cómo la IA procesa y recuerda tu prompt.

Las palabras que marcan la diferencia: dar las indicaciones precisas

Si el rol del modelo de lenguaje es el capitán del barco y el contexto es el mapa de navegación, entonces la tarea a realizar es la orden precisa que se le da a la tripulación. En cualquier operación bien dirigida, dar instrucciones claras y concretas es fundamental para obtener el resultado esperado.

Para ilustrarlo con una metáfora, imaginemos que eres el capitán de un barco pesquero. Tu tripulación espera órdenes, pero si simplemente dices:

✕ «Consigan algo del mar».

La tripulación podría traer cualquier cosa: un pez, una estrella de mar o incluso una botella flotante. La falta de precisión en la instrucción deja demasiado margen a la interpretación, lo que puede llevar a un resultado que no se ajusta a lo que realmente esperabas.

En cambio, si das una orden detallada como:

✔ «Atrapen atún con red de arrastre y tráiganlo en cajas de 20 kg».

La tripulación sabrá exactamente qué buscar, cómo atraparlo y en qué cantidad entregarlo.

Lo mismo ocurre con los modelos de lenguaje. Si el prompt no contiene un verbo de acción preciso, la IA no sabrá exactamente qué se espera de ella y la respuesta puede ser demasiado general o ambigua.

Los verbos son el timón de la conversación

El verbo de acción en un prompt es el elemento que define el tipo de respuesta que obtendrás.

Es la diferencia entre recibir una respuesta vaga y una respuesta enfocada en lo que realmente necesitas.

Ejemplo sin verbo claro:

✗ «Energía renovable y su impacto».

Esta instrucción no especifica qué debe hacer la IA con este tema. ¿Debe explicarlo? ¿Compararlo con otro tipo de energía? ¿Hacer un resumen o escribir un artículo?

Ejemplo con verbo claro:

✔ «Explica en tres párrafos cómo la energía renovable impacta en la reducción de emisiones de CO_2».

En este caso, la inteligencia artificial ahora sabe qué debe explicar (no solo mencionar el tema) y sabe también que debe hacerlo en tres párrafos.

Este pequeño ajuste transforma un tema ambiguo en una tarea concreta, así podemos reducir la posibilidad de que la respuesta se aleje del propósito del usuario.

Cómo elegir el verbo correcto según tu objetivo

En función de lo que se desea obtener de la IA, algunos verbos de acción son más adecuados que otros.

A continuación, se presentan algunos de los verbos más efectivos según el tipo de tarea:

Para obtener explicaciones y definiciones

Explica, define, describe.

✔ «Explica qué es la inteligencia artificial con un lenguaje accesible».

✔ «Define el término "blockchain" en una frase».

Para análisis y comparación

Compara, analiza, evalúa.

✔ «Compara las diferencias entre energía solar y eólica en una tabla».

✔ «Analiza los efectos del teletrabajo en la productividad empresarial».

Para redacción de contenido

Escribe, genera, redacta.

✔ «Escribe una introducción para un artículo sobre la evolución del comercio electrónico».

✔ «Genera un guion corto para un vídeo explicativo sobre cambio climático».

Para simulaciones o roles específicos

Actúa como, simula, interpreta.

✔ «Actúa como un profesor de literatura y recomienda tres libros para aprender sobre realismo mágico».

✔ «Simula ser un agente de atención al cliente respondiendo a la siguiente queja».

Para estructurar información

Resume, enumera, organiza.

✔ «Resume los puntos claves del discurso de Steve Jobs en Stanford».

✔ «Enumera los pasos para escribir un ensayo argumentativo».

Consejo: Si tu prompt no empieza con un verbo de acción claro, es probable que la respuesta no sea tan precisa como esperas.

Ejemplo de un mismo tema con diferentes verbos de acción

Un mismo tema puede generar respuestas completamente diferentes en función de cómo formulemos la pregunta, en particular, de qué verbo utilicemos en el prompt:

Tema general

✕ «Energía solar». (Vago, sin tarea definida).

Si usas «explica»

✔ «Explica cómo funciona la energía solar y su impacto ambiental».

La IA proporcionará una descripción clara con detalles técnicos y su relevancia ecológica.

Si usas «compara»

✔ «Compara la eficiencia de la energía solar y la energía eólica en una tabla».

La respuesta incluirá una comparación estructurada con ventajas y desventajas.

Si usas «actúa como»

✔ «Actúa como un asesor energético y recomienda el mejor tipo de energía renovable para una casa en una zona con poco sol».

La IA responderá en el tono de un asesor y analizará opciones adecuadas según el contexto.

El verbo actúa como la brújula que dirige la respuesta de la IA. Cuanto más claro sea, más alineada estará la información con lo que realmente necesitas.

Prompts probados y validados

Pruebas A/B inteligentes (categoría: Marketing)

Las pruebas A/B son una estrategia para optimizar contenidos digitales. Permiten comparar dos o más versiones de un mismo contenido para determinar cuál tiene un mejor rendimiento en función de métricas claves como tasas de conversión, clics o tiempo en página.

El siguiente prompt se ha diseñado para obtener una estrategia clara y estructurada para ejecutar pruebas A/B de manera efectiva, lo que asegura que las variantes se prueben correctamente y que el análisis de resultados sea preciso.

Prompt

«Eres un analista especializado en optimización de contenidos digitales, con amplio conocimiento en la creación, ejecución y análisis de pruebas A/B. Tienes experiencia en identificar patrones de comportamiento de usuarios, interpretar métricas claves y sugerir estrategias basadas en datos para mejorar el rendimiento de contenido.

Tu objetivo es ayudar a identificar qué versiones de un contenido tienen mejor desempeño, optimizando conversiones, engagement o cualquier métrica clave definida por el usuario.

Ejecuta: Pruebas A/B inteligentes.

Qué: Diseña una estrategia detallada para realizar pruebas A/B en un contenido específico, definiendo las variantes que probar, métricas claves a medir y pasos a seguir para implementar y analizar los resultados.

Para qué: Optimizar el rendimiento del contenido, identificando qué versión genera mejores resultados según las métricas de éxito definidas (como clics, tiempo en página, conversiones, etc.).

Formato: Lista paso a paso.

Estilo: Técnico y profesional.

Tono: Claro, directo y orientado a resultados.

El contexto para esta tarea es:

Tipo de contenido a optimizar: [Landing page, email, anuncio, etc.].

Objetivo principal de la optimización: [Clics, conversiones, tiempo en página, etc.].

Audiencia objetivo del contenido: [Definir público objetivo].

Métricas claves que deseas medir: [Tasa de conversión, CTR, engagement, etc.].

Plataforma o herramienta que usarás para las pruebas A/B: [Google Optimize, HubSpot, etc.].

Información adicional: [Cualquier detalle relevante]».

Análisis de la estructura del prompt

Definir el rol de la IA

El prompt establece que la IA debe actuar como un analista especializado en pruebas A/B. Esto permite que la respuesta tenga un enfoque profesional y basado en datos, en otras palabras, así se eliminan respuestas genéricas.

Explicar la tarea con precisión

Se indica que la IA debe diseñar una estrategia detallada, y se especifica qué debe incluir:

- variantes que probar;
- métricas claves;
- pasos de implementación;
- análisis de resultados.

Esto evita respuestas vagas y asegura que la IA genere una guía completa y práctica.

Definir el propósito

La sección «Para qué» refuerza la intención del prompt: optimizar el rendimiento del contenido con base en datos. Esto alinea la respuesta con el objetivo final del usuario.

Formato estructurado

Se indica que la respuesta debe ser en formato lista paso a paso, lo que asegura claridad y organización en la estrategia propuesta.

Variables personalizables

El prompt permite ajustar el contexto según la necesidad del usuario si se especifica:

- el tipo de contenido;
- el objetivo de la optimización;
- la audiencia objetivo;
- las métricas claves;
- las herramientas que utilizar.

Esto permite que el prompt se adapte a diferentes escenarios en marketing digital sin perder efectividad.

¿Por qué este prompt es altamente efectivo?

✔ **Claridad en la solicitud:** Define con precisión qué debe hacer la IA, lo que evita respuestas genéricas.

✔ **Personalización adaptable:** Se pueden cambiar variables según el caso específico.

✔ **Formato bien estructurado:** La lista paso a paso facilita la implementación de la estrategia.

✔ **Foco en datos y optimización:** La IA responde con recomendaciones basadas en métricas. De esta forma, asegura relevancia para el usuario.

Este prompt es ideal para especialistas en marketing digital, creadores de contenido y equipos de optimización, ya que permite mejorar el rendimiento de anuncios, páginas web, correos electrónicos y cualquier material digital sujeto a pruebas A/B.

Replicar estilos de escritura (categoría: Writing)

Uno de los desafíos más comunes en la escritura es mantener la coherencia de estilo, especialmente cuando se trabaja con múltiples formatos, géneros o audiencias. Este prompt permite a la IA analizar y replicar cualquier estilo de escritura, y eso garantiza que los textos generados mantengan la esencia del autor.

El siguiente prompt se ha diseñado para ofrecer un análisis detallado del estilo de escritura del usuario y generar un nuevo texto que se adapte fielmente a sus patrones lingüísticos y narrativos.

Prompt

«Actúa como un experto en análisis de escritura, especializado en identificar y replicar estilos de escritura individuales con precisión. Tu experiencia incluye desglosar patrones lingüísticos, estructuras narrativas y elementos estilísticos para adaptarlos fielmente en textos nuevos.

Tu objetivo es analizar a fondo el estilo de escritura del usuario y, basándote en este análisis, crear un texto nuevo que reproduzca su forma de escribir de manera indistinguible.

Acciones que realizar:

1. Pide al usuario que proporcione entre dos y cinco textos que haya escrito previamente. Estos textos servirán como base para identificar patrones consistentes en su estilo de escritura.
2. Una vez recibidos los textos, realiza un análisis detallado considerando los siguientes aspectos:
   - Tono: ¿Formal, informal, técnico, cercano?
   - Estilo: ¿Directo, descriptivo, narrativo, argumentativo? ¿Hay un uso frecuente de metáforas, adjetivos o recursos literarios?
   - Vocabulario: ¿Es simple, técnico, específico o variado?
   - Construcción de frases y párrafos: ¿Prefiere oraciones cortas, largas o variadas? ¿Cómo organiza sus ideas en párrafos?
   - Elementos particulares: Observa el uso de modismos, frases comunes, expresiones propias, signos de puntuación destacados o cualquier otro rasgo distintivo. Resume tus observaciones en un análisis breve para cada texto; resalta las características más sobresalientes y consistentes que definen el estilo único del usuario.
3. Una vez completado el análisis, pide al usuario que proporcione un tema sobre el que desea que se escriba un nuevo texto.
4. Basándote en el análisis previo, redacta un texto que parezca haber sido escrito por el usuario. Incorpora los elementos

estilísticos identificados en los textos analizados (tono, vocabulario, estructura de frases y párrafos, modismos, etc.) para garantizar que el texto suene auténtico y fiel al estilo del usuario.

Formato:

- Análisis del estilo de escritura: Presenta un resumen organizado por cada texto analizado y destaca sus características principales.
- Texto nuevo: Redáctalo en un formato que refleje el estilo del usuario (narrativo, informativo, persuasivo, etc.), adaptado al tema proporcionado.

Estilo:

- Para el análisis: Formal, claro y preciso.
- Para el texto nuevo: Coherente con el estilo identificado del usuario.

Tono:

- Para el análisis: Profesional y detallado.
- Para el texto nuevo: Ajustado al tono característico del usuario (informal, serio, humorístico, etc.)».

Análisis de la estructura del prompt

Definir el rol de la IA

El prompt establece que la IA debe actuar como un experto en análisis de escritura, lo que evita respuestas superficiales y asegura un enfoque profesional en la evaluación del estilo.

Solicitar material de referencia

Antes de generar un texto nuevo, la IA necesita ejemplos del estilo del usuario para identificar patrones consistentes. Esto garantiza que la respuesta esté basada en datos reales y no en suposiciones.

Estructurar el análisis

El prompt detalla criterios específicos para analizar la escritura del usuario: tono, estilo, vocabulario, estructura de frases y particularidades. Esto guía a la IA para realizar un diagnóstico detallado en lugar de una evaluación genérica.

Generación del nuevo texto con fidelidad al estilo

Se le indica a la IA que reproduzca el estilo del usuario en función del análisis previo. Esto evita que el texto generado se desvíe de la manera en la que el usuario realmente escribe.

Definir el formato de salida

El prompt solicita dos secciones diferenciadas:

1. **Análisis del estilo de escritura** (estructurado, con observaciones claves).
2. **Texto nuevo** replicando el estilo identificado.

Esto organiza la respuesta de manera clara y profesional.

¿Por qué este prompt es altamente efectivo?

✔ **Enfoque personalizado:** Analiza muestras reales del usuario en lugar de generar un estilo arbitrario.

✔ **Estructura detallada:** Define parámetros específicos para el análisis del estilo de escritura.

✔ **Salida organizada:** Diferencia el análisis del texto nuevo para evitar confusión.

✔ **Flexibilidad y adaptabilidad:** Se puede usar en distintos contextos, desde replicar un estilo propio hasta imitar a un autor famoso.

Este prompt es ideal para escritores, creadores de contenido, periodistas y profesionales que desean mantener coherencia en su estilo de redacción o adaptarlo a diferentes formatos y audiencias.

Lluvia de ideas de negocio (categoría: Negocio)

Lanzar un negocio exitoso no depende solo de una buena idea, sino de la capacidad de transformarla en un modelo sólido y bien estructurado. Este prompt se ha diseñado para ayudar a desarrollar una idea inicial, que explora su viabilidad, su modelo de negocio, sus estrategias de diferenciación y sus desafíos claves.

El objetivo es obtener un análisis detallado que permita refinar la idea y convertirla en una oportunidad de negocio viable y escalable.

Prompt

«Actúa como si fueras un experto en desarrollo de negocios y estrategias de innovación. Mi objetivo es convertir una idea inicial en un concepto de negocio refinado y viable, y quiero hacerlo desde el abordaje de sus fortalezas y sus posibles desafíos.

Tengo esta idea para un negocio: [INSERTAR IDEA DE NEGOCIO]. ¿Qué opinas de esta idea? Vamos a analizar y explorar posibles conceptos, desafíos y estrategias que podrían implementarse para hacer realidad esta idea y maximizar así su potencial de éxito en el mercado.

Aporta un análisis estructurado y creativo. Para ello, considera aspectos claves como la viabilidad de mercado, la diferenciación, el modelo de negocio y la planificación estratégica. Utiliza un estilo profesional y visionario, con un tono alentador que inspire confianza y entusiasmo en el proceso de desarrollo de la idea.

Además, ten en cuenta que, aunque esta indicación es eficaz con cualquier modelo LLM, se recomienda para obtener mejores resultados aprovechar las capacidades avanzadas de razonamiento y planificación del modelo o1 de OpenAI. Estos atributos permiten un análisis más detallado y perspicaz comparado con modelos anteriores.

Idea de negocio = [Idea de negocio]».

Análisis de la estructura del prompt

Definir el rol de la IA

El prompt establece que la IA debe actuar como un experto en desarrollo de negocios y estrategias de innovación, lo que garantiza que la respuesta se genere desde un enfoque profesional y estructurado.

Explicar claramente la tarea

Se solicita un análisis exhaustivo de la idea de negocio, se especifican los aspectos claves que considerar, como viabilidad de mercado, diferenciación, modelo de negocio y planificación estratégica. Esto evita que la IA proporcione solo una opinión superficial y la guía a realizar un análisis profundo.

Fomentar el pensamiento estructurado

El prompt establece claramente las áreas que deben abordarse, lo que asegura que la IA entregue una respuesta organizada y útil. Al dividir la tarea en secciones específicas, la respuesta se vuelve más clara y aplicable.

Ejemplo de estructura de la respuesta esperada:

1. Resumen de la idea de negocio.
2. Análisis de viabilidad de mercado.
3. Estrategia de diferenciación.
4. Modelo de ingresos y estructura de costos.
5. Estrategia de lanzamiento y validación.

Personalización y enfoque adaptativo

El prompt incluye un campo personalizable para que el usuario introduzca su idea de negocio, lo que permite obtener un análisis totalmente adaptado a su caso particular.

Ejemplo de aplicación personalizada:

✔ «Tengo esta idea para un negocio: "Servicio de suscripción para envío de snacks saludables personalizados". ¿Qué opinas de esta idea? ¿Cómo podríamos diferenciarla en el mercado y desarrollar una estrategia de lanzamiento efectiva?».

Aprovechamiento del modelo avanzado de IA

Te recomiendo usar este prompt en modelos de razonamiento como o3 de OpenAI, que tienen capacidades avanzadas de razonamiento y planificación. Así, se genera una respuesta más detallada y con un enfoque estratégico más profundo.

¿Por qué este prompt es altamente efectivo?

✔ **Clara definición del rol de la IA**: Garantiza que la respuesta tenga un enfoque de negocio estructurado.

✔ **Solicita un análisis detallado**: Evita respuestas genéricas y promueve la entrega de información estratégica.

✔ **Organización en secciones claves**: Asegura que la respuesta sea clara, coherente y aplicable.

✔ **Enfoque motivador y estratégico**: No solo analiza la viabilidad de la idea, sino que también proporciona recomendaciones para maximizar su éxito.

✔ **Personalizable**: Permite adaptarlo a cualquier tipo de idea de negocio, lo que asegura una respuesta relevante.

Este prompt es ideal para emprendedores, consultores de negocios, equipos de innovación y cualquier persona que quiera convertir una idea en un proyecto viable.

Hilo a partir de un tuit (categoría: Redes sociales)

Los hilos de Twitter son una manera de captar la atención de la audiencia, mantener el engagement y generar interacción. Un buen hilo debe contar con una estructura clara, ser persuasivo y mantener el interés del lector de principio a fin.

Este prompt está diseñado para ayudar a generar hilos de Twitter que maximicen el impacto de un tuit inicial. Utiliza para ello estrategias comprobadas para mejorar la retención y la participación.

Prompt

«Actúa como si fueras un experto en la creación de hilos de Twitter. Te voy a dar un tuit, y tú escribirás un hilo basado en el tuit que te proporcione.

Contexto que has de tener para realizar la tarea:

Un hilo de Twitter tiene tres partes:

- El tuit inicial (hook o gancho).
- Los puntos principales.
- La llamada a la acción (CTA, por sus siglas en inglés).

Algunas reglas:

- Haz que cada tuit sea independiente (280 caracteres o menos).
- No uses hashtags ni emojis. Nunca.
- Escribe una sola oración para el gancho.

Usa este formato para cada punto principal:

- Primera oración = reutiliza el punto principal.
- Una lista con viñetas de entre tres y cinco enfoques comprobados para desarrollarlo.
- Una última oración para motivar al lector en cada tuit.

- El último tuit debe ser una CTA para seguir la cuenta por más contenido.

Personalización de la respuesta:

- Formato: Hilo de Twitter con tuits numerados.
- Estilo: Claro y motivador.
- Tono: Informativo y atractivo.

Tuit inicial proporcionado: [Pega el tuit o tema que quieres desarrollar]».

Análisis de la estructura del prompt

Definir el rol de la IA

Este prompt establece que la IA debe actuar como un experto en la creación de hilos de Twitter, lo que garantiza que la respuesta siga estrategias probadas de engagement y contenido viral.

Explicar la tarea con precisión

Se especifica que la IA debe generar un hilo completo basándose en un tuit inicial, y eso asegura que siga una estructura clara:

- Hook llamativo para captar la atención.
- Desarrollo con puntos claves bien estructurados.
- Cierre con CTA para maximizar la interacción.

Esto evita respuestas genéricas y asegura un contenido listo para publicar.

Definir reglas claras para la respuesta

El prompt incluye reglas específicas que guían la generación del contenido:

✔ Cada tuit debe ser autónomo y aportar valor en sí mismo.

✔ No se deben usar hashtags ni emojis para mantener un tono profesional.

✔ Se establecen límites de caracteres para asegurar que cada tuit cumpla con los requerimientos de Twitter.

Estas reglas optimizan la claridad y la eficacia del hilo.

Incluir un formato estructurado

El prompt indica un formato numerado, lo que garantiza que cada tuit tenga una secuencia lógica y ordenada.

Personalización adaptable

Este prompt permite ajustar la temática del hilo según el tuit inicial que se proporcione, lo que lo hace altamente versátil para diferentes industrias y audiencias.

¿Por qué este prompt es altamente efectivo?

✔ **Estructura optimizada**: Define el formato exacto que debe seguir cada tuit.

✔ **Claridad y precisión**: Se eliminan ambigüedades al establecer reglas concretas.

✔ **Personalización adaptable**: Puede aplicarse a cualquier tema, desde marketing hasta educación.

✔ **Maximiza el engagement**: Utiliza estrategias comprobadas para mejorar la interacción en Twitter.

Este prompt es ideal para community managers, creadores de contenido, emprendedores y marcas que desean aumentar su presencia en Twitter con hilos atractivos y efectivos.

Calendario editorial para blog (categoría: Blog)

Planificar un calendario editorial efectivo es una de las estrategias claves para aumentar la visibilidad de un blog en los motores de búsqueda y mejorar el tráfico web de manera sostenible. Un calendario bien estructurado permite optimizar el contenido para SEO, organizar publicaciones estratégicas y mantener un flujo constante de artículos alineados con los intereses de la audiencia.

Este prompt está diseñado para generar un calendario editorial detallado basado en técnicas avanzadas de SEO y marketing de contenidos.

Prompt

«Eres un estratega de marketing de contenidos especializado en SEO y planificación editorial para blogs. Tienes experiencia en la creación de calendarios editoriales efectivos que optimicen el posicionamiento en buscadores y mejoren el alcance de los contenidos. Tu objetivo es diseñar un calendario editorial detallado para [nombre o tema del blog] que sirva como herramienta para planificar y organizar la publicación de contenidos relevantes, consistentes y optimizados para SEO. Este calendario debe enfocarse en cubrir temas de alto interés para la audiencia, utilizar palabras claves estratégicas y alinear las publicaciones con tendencias y temporadas específicas.

Acciones que realizar:

- Diseña un calendario editorial mensual con fechas, temas, palabras claves, y tipo de contenido (por ejemplo, tutoriales, listas, guías, estudios de caso, etc.).
- Asegúrate de incluir ideas para contenido evergreen, así como temas estacionales o relacionados con eventos relevantes.
- Proporciona consejos sobre cómo ajustar este calendario editorial para maximizar el SEO y mantener el interés de la audiencia a lo largo del tiempo.

Formato: Presenta el calendario en una tabla o lista organizada, con una breve explicación sobre cómo implementar cada elemento.

Estilo: Profesional, claro y orientado a la acción.

Tono: Práctico y enfocado en resultados.

El contexto para esta tarea es:

Tema principal del blog = [Describe el tema central de tu blog].

Público objetivo del blog = [Público objetivo del blog (Ej. problemas que buscan resolver, deseos, etc.)].

Objetivo específico del blog = [Objetivo específico del blog (Ej. generar tráfico, educar, vender un producto/servicio, etc.)].

Frecuencia de publicación deseada = [Frecuencia de publicación deseada].

Información adicional = [Información adicional]».

Análisis de la estructura del prompt

Definir el rol de la IA

Este prompt establece que la IA debe actuar como un estratega de crecimiento digital, lo que garantiza que la respuesta esté basada en técnicas avanzadas de marketing de contenidos y SEO.

Explicar la tarea con precisión

El prompt detalla claramente que la IA debe generar:

✔ Un análisis de palabras claves, segmentado en palabras claves principales y derivadas.

✔ Un calendario editorial con temas de contenido estratégicos.

✔ Sugerencias de optimización SEO on-page.

✔ Recomendaciones sobre formatos y frecuencia de publicación.

Esto evita respuestas genéricas y asegura una planificación detallada.

Establecer reglas claras

Para optimizar la calidad de la respuesta, el prompt incluye directrices específicas:

✔ Las palabras claves deben tener alto volumen de búsqueda y baja **competencia**.

✔ Cada tema propuesto debe alinearse con la intención de búsqueda de la audiencia.

✔ Se deben incluir recomendaciones de formatos de contenido y SEO on-page.

✔ La estructura de salida debe ser un informe detallado paso a paso.

Esto mejora la precisión y aplicabilidad del resultado.

Estructurar el formato de salida

El prompt especifica que la respuesta debe organizarse en un informe estructurado, lo que garantiza que el contenido sea claro y fácil de aplicar.

Personalización adaptable

Este prompt permite que el usuario defina el nicho del blog, el público objetivo, el propósito y la frecuencia de publicación, todo ello asegura que el plan editorial sea altamente relevante y personalizado.

¿Por qué este prompt es altamente efectivo?

✔ **Claridad en la solicitud:** Cada acción está detallada paso a paso.

✔ **SEO estratégico:** Se enfoca en selección de palabras claves, optimización on-page y formatos de contenido relevantes.

✔ **Personalización adaptable:** Permite ajustar el plan a las necesidades específicas de cualquier blog.

✔ **Formato estructurado:** La respuesta se presenta como un informe organizado y accionable.

✔ **Genera impacto a largo plazo:** Facilita la creación de un blog con crecimiento sostenido en buscadores.

Este prompt es ideal para blogueros, creadores de contenido, marketers, agencias de SEO y empresas que buscan aumentar su tráfico orgánico de manera estratégica y sostenible.

Flexibilidad en la estructura de los prompts

Los ejemplos presentados en esta sección ofrecen una estructura orientativa para redactar prompts efectivos, pero no deben interpretarse como reglas rígidas.

Lo más importante al formular un prompt no es seguir una plantilla al pie de la letra, sino asegurarse de que la instrucción contenga toda la información necesaria para que la IA pueda ejecutar bien la tarea.

Cada situación puede requerir ajustes según el objetivo, el contexto y el tipo de respuesta deseada. Algunos prompts pueden necesitar más detalle para evitar ambigüedades, mientras que otros pueden beneficiarse de una formulación más concisa.

La clave está en encontrar el equilibrio entre precisión, claridad y personalización; eso supone adaptar la estructura a cada caso sin hacerla innecesariamente compleja.

En definitiva, un buen prompt es aquel que dirige a la IA de manera efectiva para asegurar que la respuesta generada sea relevante, útil y alineada con la intención del usuario.

La práctica y la iteración son esenciales para perfeccionar esta habilidad y obtener cada vez mejores resultados en la interacción con modelos de inteligencia artificial.

Checkpoint: Lo que aprendimos

✔ **El prompting no es azaroso, es estratégico**: No puedes simplemente lanzar preguntas al aire esperando respuestas perfectas. Como en la pesca, necesitas intención, precisión y un plan para obtener los mejores resultados.

✔ **La estructura es la clave del éxito**: Un ejemplo de prompt efectivo sería: rol + tarea + contexto + formato de respuesta + ejemplo. Cuanto más estructurado esté tu prompt, más preciso será el resultado.

✔ **Definir un rol cambia la calidad de la respuesta**: Cuando asignas un rol a la IA (por ejemplo, «Eres un experto en marketing digital»), la respuesta se adapta a ese contexto, lo que mejora su relevancia y precisión.

✔ **El contexto lo es todo**: Un modelo de lenguaje no puede inferir el contexto como lo haría un humano. Si no le das suficiente información, te responderá de forma genérica o irrelevante. Siempre define el escenario con claridad.

✔ **La ventana de contexto es crucial:** La IA recuerda lo que se dice dentro de una conversación, pero solo hasta un límite. Cuando se supera, la información más antigua se pierde. Saber esto te ayuda a estructurar tus prompts y mantener detalles claves visibles para la IA durante toda la interacción.

✔ **Las palabras importan (y los verbos aún más)**: El verbo con el que inicias tu prompt define la acción que la IA debe realizar. No es lo mismo decir «explica» que «resume», «compara» o «analiza». La elección del verbo va a marcar la diferencia.

✔ **Flexibilidad y adaptación**: No existe una única fórmula de prompting. Debes adaptar la estructura según tu objetivo y contexto. Usa ejemplos, prueba diferentes enfoques y ajusta según la respuesta que recibas.

✔ **Prompts probados, resultados garantizados**: Existen prompts específicos que se han validado para tareas como marketing, escritura, lluvia de ideas y planificación de contenidos. Aprender a utilizarlos te ahorra tiempo y mejora la calidad de las respuestas.

Próximo nivel

Ya dominas la estructura de un prompt perfecto. Ahora es momento de evitar los errores más comunes que pueden arruinar una interacción con la IA. En el siguiente capítulo, descubrirás cuáles son los fallos que debes evitar y cómo afinar aún más tus prompts para obtener respuestas cada vez más precisas.

Capítulo 3. Cómo optimizar un prompt para mejorar las respuestas

No siempre la primera respuesta que obtienes de la IA es la mejor. Incluso un prompt bien diseñado puede generar una salida que no cumpla con tus expectativas: demasiado general, incompleta o carente de contexto.

Pero esto no significa que la IA haya fallado, sino que el verdadero poder está en saber optimizar.

Optimizar un prompt no es cuestión de suerte, sino de estrategia. Así como un fotógrafo ajusta el enfoque de su cámara hasta capturar la imagen perfecta, tú puedes ajustar cada detalle de tu prompt para obtener la respuesta ideal.

Este proceso de afinación permite dirigir el modelo hacia la información que realmente necesitas. Así evitarás respuestas vagas o irrelevantes.

En un entorno donde las interacciones con IA son cada vez más frecuentes y complejas, dominar la optimización de prompts es esencial. No basta con hacer una buena pregunta; es necesario saber cómo ajustarla cuando la respuesta no es la esperada.

En este capítulo aprenderás técnicas avanzadas para analizar, depurar y perfeccionar tus prompts. Esto te permitirá mejorar las respuestas paso a paso, sin necesidad de empezar desde cero cada vez.

Si alguna vez te has frustrado porque la IA no respondió como querías, aquí encontrarás las herramientas para cambiar eso.

A través de métodos prácticos y ejemplos reales, descubrirás cómo transformar un prompt mediocre en una instrucción clara y efectiva.

La optimización de prompts es un arte iterativo, y al finalizar este capítulo, estarás listo para aplicarlo con confianza en cualquier contexto.

Evaluación de la respuesta: Diagnosticar para mejorar

El primer paso para optimizar un prompt es entender qué falló en la respuesta inicial. No se trata solo de intuir qué salió mal, sino de realizar un análisis práctico que te permita identificar con claridad si el problema radica en la falta de contexto, la ambigüedad de la solicitud o la ausencia de un formato adecuado.

¿Qué salió mal? Un método práctico para identificar errores

Cuando recibes una respuesta insatisfactoria de la IA, pregúntate:

¿Falta contexto?

Si la respuesta es demasiado genérica o no está alineada con lo que esperabas, probablemente tu prompt no proporcionó suficientes detalles sobre el tema, el público objetivo o el propósito de la información.

¿Es ambigua la solicitud?

Una pregunta abierta como «Háblame sobre tecnología» puede generar respuestas demasiado amplias. Cuanto más específica sea tu solicitud, mejor será el resultado.

¿El formato es adecuado?

Si recibes un bloque de texto largo y poco estructurado, es posible que no hayas especificado el formato en el que querías la respuesta (lista, tabla, pasos numerados, etc.).

Para facilitar este análisis, aquí tienes un método simple:

Diagnóstico 3C:

1. **Contexto:** ¿Has dado suficiente información sobre el tema, el objetivo y el público?
2. **Claridad:** ¿Tu solicitud es lo suficientemente específica o deja margen para interpretaciones?
3. **Contorno:** ¿Has delimitado el formato o la estructura deseada para la respuesta?

Checklist de evaluación rápida

Utiliza estas preguntas como una guía rápida cada vez que analices una respuesta de la IA:

1. ¿La IA entendió correctamente lo que pregunté?
   - Si la respuesta aborda un tema diferente o carece de precisión, revisa si tu prompt fue claro y directo.
2. ¿Incluye todos los detalles que esperaba?
   - Si falta información clave, es posible que no hayas proporcionado suficiente contexto o no hayas solicitado explícitamente ciertos datos.
3. ¿El nivel de detalle es el adecuado?
   - ¿La respuesta es demasiado superficial o excesivamente técnica? Ajusta el nivel de complejidad especificándolo en tu prompt.
4. ¿El formato facilita la comprensión?
   - Un texto continuo puede ser difícil de procesar. ¿Pediste una lista, tabla o subtítulos?

5. ¿Hay información irrelevante?
    - Si la IA incluyó datos innecesarios, considera limitar el alcance de tu solicitud en el prompt.

Con esta evaluación rápida, sabrás exactamente qué aspectos debes modificar en tu prompt para obtener una respuesta más alineada con lo que necesitas.

Técnicas de optimización de prompts

Optimización incremental: Mejorar paso a paso

Optimizar un prompt no siempre significa reescribirlo por completo.

La optimización incremental consiste en realizar pequeños ajustes de manera progresiva hasta obtener la respuesta deseada. De esta manera, no hay necesidad de cambiar todo desde el principio.

Este método es ideal cuando tienes un prompt básico que no ha generado la respuesta esperada, pero prefieres refinarlo poco a poco para no perder el hilo de la conversación.

¿Cómo aplicar la optimización incremental?

Empieza con un prompt básico. Parte de una solicitud sencilla, sin demasiados detalles. Por ejemplo:

Prompt inicial: «Dame ideas para campañas de marketing».

Añade progresivamente el contexto. Incluye información sobre el sector, el tipo de producto o el público al que te diriges.

Ajuste: «Dame ideas para campañas de marketing de una tienda online de ropa deportiva».

Define el público objetivo. Cuanto más específico seas con la audiencia, más relevante será la respuesta.

Ajuste: «Dame ideas para campañas de marketing de una tienda online de ropa deportiva enfocada en jóvenes de 18 a 30 años».

Especifica el formato de salida. Indica si prefieres una lista, un cuadro comparativo o pasos numerados.

Ajuste: «Dame cinco ideas para campañas de marketing de una tienda online de ropa deportiva enfocada en jóvenes de 18 a 30 años, presentadas en una lista con una breve descripción de cada una».

Establece limitaciones o parámetros. Define un presupuesto, un plazo o un canal específico para obtener resultados aún más ajustados.

Ajuste final: «Dame cinco ideas para campañas de marketing en Instagram para una tienda online de ropa deportiva enfocada en jóvenes de 18 a 30 años, con un presupuesto máximo de 1000 euros al mes, presentadas en una lista con una breve descripción de cada una».

Ventajas de la optimización incremental

- **Control total:** Puedes ajustar solo lo necesario sin empezar desde cero.
- **Ahorro de tiempo:** No necesitas replantear todo el prompt si solo un aspecto falló.
- **Perfeccionamiento continuo:** Cada ajuste mejora un elemento específico: contexto, audiencia, formato o limitaciones.
- **Ideal para iterar rápidamente:** Funciona muy bien cuando interactúas con la IA en tiempo real y quieres mejorar la respuesta sin perder el flujo de la conversación.

Consejo: Si no obtienes la respuesta deseada, ajusta un solo elemento cada vez, evalúa el cambio y luego añade otro ajuste si es necesario. Este proceso paso a paso evita confusiones y te permite identificar exactamente qué parte del prompt ha marcado la diferencia.

Técnica del prompt inverso

Optimizar un prompt no siempre implica modificar lo que ya has escrito. A veces, el camino más corto hacia una mejor respuesta es pedir a la propia IA que sugiera cómo formular la pregunta para obtener el resultado deseado. Esto es lo que se conoce como la técnica del prompt inverso.

¿En qué consiste el prompt inverso?

En lugar de intentar adivinar la estructura perfecta de un prompt, esta técnica consiste en preguntar a la IA cómo debería formularse la solicitud para obtener la mejor respuesta posible. Una vez que la IA te da su recomendación, puedes utilizarla como base para optimizar tu propio prompt.

¿Cómo aplicar esta técnica?

Haz una pregunta inicial sencilla. «Quiero un análisis detallado de las tendencias de marketing en 2024. ¿Cómo debería estructurar mi pregunta para obtener la mejor respuesta?».

La IA generará un prompt optimizado. Respuesta de la IA (ejemplo):

«Para obtener un análisis detallado de las tendencias de marketing en 2024, puedes usar un prompt como este: "Actúa como un analista de marketing con experiencia.

Realiza un análisis detallado de las tendencias de marketing digital para 2024; para ello enfócate en redes sociales, email marketing y publicidad pagada, y proporciona ejemplos de marcas que ya estén aplicando estas tendencias.

Presenta la información en una lista con descripciones breves de cada tendencia y su impacto previsto."»

Utiliza el prompt recomendado por la IA. Solo necesitas copiar el prompt generado y usarlo directamente, o hacer pequeños ajustes según tu necesidad.

¿Por qué funciona el prompt inverso?

- **La IA conoce sus fortalezas:** Al pedirle que sugiera un prompt, la IA utiliza su entrenamiento para identificar qué tipo de instrucciones le permiten ofrecer las mejores respuestas.
- **Ahorra tiempo:** En lugar de probar múltiples variaciones, obtienes una guía clara desde el principio.
- **Mejora continua:** Puedes iterar aún más; pedirle, por ejemplo, que refine su propia sugerencia para hacerla más específica o adaptada a tu contexto.
- **Ideal para tareas complejas:** Cuando una solicitud requiere muchos detalles, la IA puede ayudarte a no pasar por alto ningún elemento importante.

Ejemplo práctico:

Prompt inicial: «Si quiero crear un calendario de contenido para Instagram para una marca de moda sostenible, ¿cómo debería estructurar mi pregunta para obtener la mejor respuesta?».

Respuesta de la IA: «Para crear un calendario de contenido para Instagram para una marca de moda sostenible, usa un prompt como:

"Actúa como un estratega de marketing digital especializado en moda sostenible. Crea un calendario de contenido mensual para Instagram que incluya tipos de publicaciones (fotos, reels, stories), frecuencia de publicación, temas claves como sostenibilidad, slow fashion y colecciones nuevas, e ideas de hashtags relevantes.

Presenta el calendario en formato de tabla, con fechas y descripciones breves de cada publicación"».

Consejo práctico

Si tienes dudas sobre si tu prompt es lo suficientemente claro o específico, usa la técnica del prompt inverso antes de pedir la respuesta final. De esta forma, dejas que la IA haga el trabajo de optimización por ti.

Ajuste dinámico basado en retroalimentación de la IA

La técnica del prompt inverso consiste en pedir a la IA que sugiera un prompt ideal antes de realizar una solicitud.

Por su parte, el ajuste dinámico basado en retroalimentación transforma a la inteligencia artificial en un asistente activo durante el proceso de optimización. El ajuste dinámico te ayudará a mejorar un prompt ya existente en tiempo real.

¿En qué consiste esta técnica?

Cuando un prompt no genera la respuesta esperada, en lugar de modificarlo por ensayo y error, puedes preguntar directamente al modelo qué detalles o ajustes necesita para ofrecer una respuesta más precisa.

Este enfoque crea un ciclo de retroalimentación inmediata, donde la IA te guía para perfeccionar tu solicitud.

¿Cómo aplicarlo paso a paso?

Empieza con un prompt inicial que no haya sido satisfactorio: «Explícame cómo lanzar un producto al mercado».

Solicita retroalimentación directamente a la IA. Pregunta: «¿Qué detalles adicionales necesitas para ofrecer una respuesta más precisa y útil sobre cómo lanzar un producto al mercado?».

La IA ofrece sugerencias de mejora: Ejemplo de respuesta de la inteligencia artificial: «Para darte una respuesta más detallada, me ayudaría saber el tipo de producto, el público objetivo, el presupuesto disponible y si prefieres un enfoque digital o tradicional».

Ajusta tu prompt con la nueva información: «Explícame cómo lanzar al mercado un smartwatch para deportistas de 25 a 40 años, con un presupuesto de 5000 euros, utilizando estrategias de marketing digital».

Refina aún más si es necesario: Después de recibir la nueva respuesta, puedes preguntar:

«¿Hay algún otro dato que te ayudaría a mejorar aún más esta estrategia de lanzamiento?».

Esto crea un ciclo continuo de mejora hasta obtener la respuesta ideal.

¿Por qué funciona este ajuste dinámico?

- **Ahorro de tiempo:** La IA te dice exactamente lo que necesita, lo que elimina la incertidumbre de adivinar qué falta en tu prompt.
- **Optimización en tiempo real:** Las sugerencias se aplican de inmediato, y eso mejora progresivamente la calidad de la respuesta.
- **Mayor precisión:** La IA recibe los detalles específicos que necesita, por lo que genera respuestas más relevantes y útiles.
- **Aprendizaje constante:** Con cada interacción, mejoras tu comprensión de cómo estructurar prompts efectivos, lo que te hace más hábil para trabajar con modelos de lenguaje.

Ejemplo práctico:

Prompt inicial: «Crea un plan de contenidos para un blog de tecnología. ¿Qué detalles adicionales necesitas para ofrecer una respuesta más precisa y útil sobre cómo crear un plan de contenidos más completo?».

Retroalimentación de la IA: «Para ofrecer un plan más completo, necesito saber el público objetivo del blog, la frecuencia de publicación, el presupuesto (si lo hay) y si prefieres un enfoque más técnico o divulgativo».

Prompt optimizado: «Crea un plan de contenidos mensual para un blog de tecnología dirigido a profesionales del sector, con publicaciones dos veces por semana y un enfoque técnico. Incluye temas de actualidad, tendencias y análisis de nuevos dispositivos».

Diferencia con el prompt inverso:

Mientras que el prompt inverso pide a la IA que sugiera un prompt ideal antes de iniciar una tarea, el ajuste dinámico basado en retroalimentación optimiza un prompt ya existente durante el proceso, lo que te guía para añadir detalles necesarios y obtener la mejor respuesta posible.

Consejo práctico: No temas preguntar a la inteligencia artificial cómo mejorar un prompt. Incluso un simple «¿Qué puedo añadir para que me des una respuesta más precisa?». puede transformar un resultado mediocre en una respuesta detallada y útil.

Contextualización progresiva

A veces, intentar incluir todo el contexto en un solo prompt puede llevar a respuestas confusas o genéricas. La contextualización progresiva es una técnica que introduce detalles de manera gradual, y eso sirve de guía a la IA para refinar su respuesta en cada iteración sin abrumarla desde el inicio.

¿En qué consiste esta técnica?

En lugar de pedir una respuesta extremadamente detallada desde el primer momento, se empieza con una solicitud general y, a través de preguntas o ajustes sucesivos, se va añadiendo contexto. Esto permite a la IA adaptar su salida de manera más precisa a medida que se le proporcionan nuevos datos.

Cómo aplicar la contextualización progresiva

Comienza con un prompt general: «Explica qué es el marketing digital».

La IA ofrecerá una definición amplia que aborda conceptos generales como SEO, redes sociales, email marketing, etc.

Refina el contexto añadiendo un detalle específico: «Ahora aplica este concepto al sector de la moda».

La IA ajustará su respuesta para centrarse en cómo las marcas de moda utilizan el marketing digital, por lo que mencionará estrategias como colaboraciones con influencers, campañas en redes sociales y marketing visual.

Ajusta aún más con un contexto temporal o una plataforma concreta: «Concéntrate en las estrategias de marketing digital para la industria de la moda en Instagram durante 2024».

Ahora, la IA proporcionará estrategias actualizadas y específicas para esta red social, como el uso de Reels, colaboraciones con microinfluencers y campañas interactivas.

Ventajas de la contextualización progresiva

- **Menor carga cognitiva para la IA:** Al introducir detalles poco a poco, se evita saturar al modelo con demasiada información al principio.
- **Ajuste flexible:** Permite adaptar la respuesta en función de lo que necesites sin reformular el prompt original.
- **Mayor precisión en cada iteración:** Cada ajuste añade un nivel más de detalle, y eso afina la respuesta hasta llegar al punto exacto que buscas.
- **Ideal para exploraciones abiertas:** Útil cuando no tienes claro desde el principio qué información específica necesitas y quieres guiar a la IA a medida que recibes respuestas.

Ejemplo práctico:

Prompt inicial: «Explica qué es la inteligencia artificial».

La IA ofrece una definición general en la que explica conceptos como machine learning, redes neuronales, etc.

Iteración 1: «Ahora, aplícalo al sector de la salud».

La respuesta se enfoca en aplicaciones como el diagnóstico asistido, análisis de datos médicos y personalización de tratamientos.

Iteración 2: «Concéntrate en cómo la IA está transformando el diagnóstico de enfermedades raras en 2024».

Ahora, la IA detalla casos de uso específicos, herramientas actuales y avances recientes.

¿Por qué usar esta técnica?

- **Flexibilidad en la exploración:** Si no tienes claro desde el inicio qué detalles específicos necesitas, puedes ajustar progresivamente.
- **Mejora de la relevancia:** Cada nueva instrucción guía a la IA a una respuesta más alineada con lo que buscas.
- **Evita respuestas superficiales:** Introducir contexto poco a poco obliga a la IA a ajustar su respuesta continuamente; esto evita información genérica.

Consejo práctico: Si notas que la primera respuesta de la IA es demasiado general, no reformules todo el prompt. Añade detalles paso a paso hasta obtener la respuesta que realmente necesitas.

Filtrado por restricciones

A veces, la mejor manera de obtener una respuesta precisa es decirle a la IA qué no quieres. La técnica de filtrado por restricciones consiste en añadir limitaciones explícitas al prompt para evitar respuestas genéricas o irrelevantes, lo que dirige al modelo hacia lo que realmente necesitas.

¿Cómo funciona esta técnica?

En vez de pedirle a la IA que te dé todas las opciones posibles sobre un tema, le especificas qué elementos debe excluir de su respuesta. Esto reduce el abanico de opciones y obliga al modelo a explorar alternativas que quizás no habrías considerado, pero que pueden ser mucho más valiosas para tu objetivo.

Cómo aplicar el filtrado por restricciones

Identifica lo que quieres evitar: Si sabes qué tipo de información no te es útil, indícalo directamente en el prompt.

Prompt general: «Dame estrategias de marketing digital para una startup de tecnología».

La IA podría incluir tácticas repetitivas como redes sociales, email marketing y anuncios pagados.

Prompt con restricciones: «Dame cinco estrategias de marketing digital para una startup de tecnología que no incluyan redes sociales, email marketing ni publicidad pagada».

Ahora la inteligencia artificial se ve obligada a pensar fuera de lo común, por lo que ofrece tácticas como SEO avanzado, marketing de contenidos interactivo, colaboraciones con comunidades tech, etc.

Usa límites cuantitativos y cualitativos: Además de restringir contenido, también puedes limitar la cantidad, la extensión o el enfoque de la respuesta.

Ejemplo: «Dame tres formas de mejorar el servicio al cliente en una tienda online, sin aumentar el presupuesto ni contratar más personal».

La IA ofrecerá soluciones como optimizar respuestas automáticas, crear una base de conocimientos accesible o mejorar la experiencia de usuario con tutoriales.

Combina restricciones para mayor precisión: Puedes añadir múltiples restricciones para refinar aún más la respuesta.

Ejemplo: «Explícame cuatro maneras de optimizar un sitio web de e-commerce sin cambiar el diseño ni invertir en publicidad; enfócate solo en mejoras técnicas».

La IA podría sugerir optimizar la velocidad de carga, mejorar el SEO on-page, optimizar las imágenes y simplificar los procesos de pago.

Ventajas del filtrado por restricciones

- **Evita respuestas obvias o redundantes:** Obliga al modelo a buscar alternativas fuera de las soluciones más comunes.
- **Controla la calidad y cantidad de información:** Limita la respuesta a lo realmente útil para tu caso.
- **Ahorra tiempo:** No necesitas filtrar manualmente información irrelevante; ya has delimitado lo que no quieres.
- **Ideal para situaciones con limitaciones reales:** Si trabajas con un presupuesto fijo, recursos limitados o un contexto específico, esta técnica es indispensable.

Ejemplo práctico:

Prompt sin restricciones: «Dame ideas para mejorar un canal de YouTube de viajes».

La IA puede mencionar colaboraciones, mejorar miniaturas, crear contenido constante, etc.

Prompt con restricciones: «Dame cinco ideas para mejorar un canal de YouTube de viajes sin gastar dinero en equipo nuevo ni usar anuncios pagados».

La IA podría sugerir optimizar títulos y descripciones, usar SEO para YouTube, aprovechar shorts, pedir feedback a la audiencia, y crear playlists temáticas.

¿Por qué usar esta técnica?

- **Mejora la especificidad:** Reduces las posibilidades de respuestas genéricas.
- **Optimiza recursos:** Ideal cuando trabajas con limitaciones reales (presupuesto, tiempo, herramientas).
- **Amplía la creatividad del modelo:** Al eliminar las opciones más obvias, obligas a la IA a ofrecerte soluciones innovadoras.

Consejo práctico: Cuando sientas que las respuestas de la IA son demasiado genéricas, usa restricciones explícitas. Frases como «sin usar...», «que no incluya...», «que incluya...» pueden transformar un prompt común en una fuente de ideas frescas y relevantes.

Prompt de contraste

El prompt de contraste es una técnica que solicita a la IA generar dos versiones de una misma respuesta: una desde una perspectiva positiva u optimista y otra desde un punto de vista crítico o negativo. Esto permite analizar un tema de manera equilibrada, identificar tanto sus beneficios como sus posibles inconvenientes, y combinar lo mejor de ambos enfoques para obtener una visión completa y matizada.

¿Por qué usar el prompt de contraste?

Cuando interactuamos con la IA, es fácil obtener respuestas sesgadas hacia lo que pedimos. Si solicitamos ventajas, probablemente ignore las desventajas. Si buscamos problemas, podría dejar de lado los beneficios.

Este prompt fuerza al modelo a considerar ambos extremos, y eso te ayuda a tomar decisiones más informadas y elaborar análisis más completos.

Cómo aplicar el prompt de contraste

Pide las dos caras de la moneda en un mismo prompt. Un simple ajuste transforma un prompt directo en uno de contraste.

Ejemplo: «Explícame los beneficios de la inteligencia artificial en la educación y luego señala sus principales desventajas».

La IA ofrecerá primero ventajas como personalización del aprendizaje, automatización de tareas y accesibilidad, y luego desventajas como la posible pérdida de empleos docentes, sesgos algorítmicos y dependencia tecnológica.

Separa las respuestas en secciones para mayor claridad. Si quieres un análisis bien estructurado, solicita que cada parte esté claramente diferenciada.

Ejemplo: «Describe las ventajas y desventajas de usar freelancers para proyectos de diseño. Usa dos secciones bien definidas».

La IA generará una parte con beneficios como flexibilidad, costos bajos y acceso a talento global, y otra con desventajas como falta de compromiso a largo plazo, problemas de comunicación y gestión de tiempos.

Pide que la IA identifique puntos intermedios o soluciones. Después de obtener ambos enfoques, puedes solicitar una conclusión que combine lo mejor de ambos.

Ejemplo: «Ahora, dame una recomendación equilibrada considerando tanto las ventajas como las desventajas mencionadas».

La IA podría sugerir estrategias como contratar freelancers para tareas puntuales, pero mantener un equipo base para funciones críticas.

Ventajas del prompt de contraste

- **Análisis equilibrado:** No te quedas con una visión parcial; obtienes una respuesta que considera todas las perspectivas.
- **Mejor toma de decisiones:** Al ver pros y contras, puedes evaluar riesgos y beneficios antes de actuar.
- **Aumenta la creatividad y el pensamiento crítico:** Explorar dos visiones opuestas genera ideas más innovadoras y soluciones más completas.
- **Ahorra tiempo en investigaciones:** En lugar de hacer múltiples preguntas, un solo prompt te da una imagen completa.

Ejemplo práctico:

Prompt directo: «Dame razones para usar TikTok en una estrategia de marketing». Obtendrás solo ventajas, como alcance viral, público joven y tendencias rápidas.

Prompt de contraste: «Dame razones para usar TikTok en una estrategia de marketing, y luego explica por qué podría no ser una buena idea». Además de las ventajas, la IA mencionará desventajas como la falta de usuarios mayores, la necesidad de contenido constante y los riesgos de contenido efímero.

¿Cuándo usar el prompt de contraste?

- **Análisis de estrategias:** Al evaluar una decisión (lanzar un producto, usar una herramienta, implementar un proceso), esta técnica te ayuda a considerar todas las variables.
- **Creación de contenido:** Para artículos, informes o presentaciones, te proporciona un análisis completo y bien argumentado.
- **Toma de decisiones rápidas:** Si necesitas elegir entre varias opciones, este prompt te da un resumen equilibrado al instante.

Consejo práctico: Después de obtener ambas versiones, pide a la IA que combine lo mejor de ambas o que sugiera soluciones que minimicen las desventajas.

Esto llevará tu análisis a otro nivel.

Adaptación del prompt al tipo de tarea

No todos los prompts funcionan igual para cada tipo de tarea.

Un prompt que genera buenos resultados al pedir un análisis de datos puede fallar al solicitar ideas creativas.

Por otra parte, un prompt diseñado para escribir un artículo puede no ser efectivo al realizar un resumen.

Adaptar el prompt según el propósito es esencial para optimizar las respuestas de la IA.

Por qué adaptar un prompt según la tarea

La IA no «entiende» de forma natural lo que necesitas; su salida depende de cómo estructures tu petición.

Un mismo modelo puede ofrecer un informe detallado, una lluvia de ideas innovadora o un análisis numérico, pero solo si el prompt está adaptado al tipo de tarea.

Optimización según el propósito

Para redacción de contenido: Si el objetivo es generar texto (artículos, posts, guiones, correos), usa prompts que incluyan detalles como:

- **Tono:** Formal, conversacional, técnico, humorístico.
- **Estructura:** Introducción, desarrollo, conclusión; o listas, viñetas, párrafos.

- **Audiencia:** Público objetivo, nivel de conocimiento, intereses.
- **Ejemplo:** «Escribe un artículo para un blog de marketing dirigido a startups en el que explicas cómo usar TikTok para atraer clientes. Usa un tono cercano, con ejemplos reales y una lista de pasos».

Para análisis de datos o evaluaciones: Cuando necesitas que la IA analice, sintetice o compare información, el prompt debe:

- **Solicitar un desglose:** Pide factores, ventajas, desventajas o pasos.
- **Incluir restricciones:** Por ejemplo, «sin exceder 300 palabras» o «centrado en 2024».
- **Formato estructurado:** Tablas, listas numeradas o párrafos por sección.
- **Ejemplo:** «Compara en una tabla las ventajas y desventajas de usar freelancers vs. empleados fijos para una startup tecnológica. Incluye al menos tres factores claves como costos, flexibilidad y compromiso».

Para brainstorming o creatividad: Cuando el objetivo es generar ideas nuevas, el prompt debe ser más flexible y abierto, pero con indicaciones claras sobre cantidad, formato y enfoque:

- **Pide múltiples opciones:** «Dame diez ideas», «Genera cinco nombres creativos», etc.
- **Incluye un contexto o tema:** Nicho de mercado, estilo, público.
- **Formato sugerido:** Lista o viñetas.
- **Ejemplo:** «Dame ocho ideas de campañas creativas para una marca de ropa sostenible, que estén dirigidas a jóvenes de 20 a 30 años y que se darán a conocer utilizando TikTok e Instagram».

Diferencias entre prompts informativos, analíticos y creativos

Tipo de prompt	Características claves	Ejemplo
Informativo	Preciso, directo, pidiendo datos o explicaciones.	«Explica qué es el machine learning en términos simples, en no más de 150 palabras».
Analítico	Estructurado, solicitando comparaciones, pros y contras, o análisis detallado.	«Analiza las diferencias entre marketing digital y tradicional, en una lista con pros y contras».
Creativo	Abierto, pidiendo múltiples ideas, conceptos o enfoques.	«Dame 5 ideas innovadoras para un negocio online de productos personalizados».

Cómo adaptar un prompt según la tarea en la práctica

- **Si buscas creatividad:** Usa frases como «dame ideas», «genera varias opciones», «propón enfoques».
- **Si necesitas datos o análisis:** Incluye frases como «analiza», «compara», «evalúa», «dame un resumen».
- **Si quieres redacción:** Especifica «escribe», «redacta», «genera un texto», y añade detalles como audiencia, tono y formato.

Consejo final: Siempre pregúntate antes de escribir un prompt: «¿Qué tipo de respuesta necesito?», y adapta tu estructura en consecuencia.

Un prompt adaptado al propósito ahorra tiempo, evita errores y mejora radicalmente la calidad de las respuestas de la IA.

Ejemplos prácticos de optimización de prompts

Nada mejor que ejemplos reales para entender cómo optimizar un prompt.

Aquí te muestro tres escenarios comunes y cómo un prompt básico puede evolucionar para ofrecer respuestas más precisas y útiles.

Ejemplo 1: Ajuste progresivo para una investigación de mercado

Prompt inicial: «Haz un análisis del mercado de ropa deportiva».

Problema: La IA puede ofrecer un análisis demasiado amplio, sin datos específicos ni enfoque claro.

Optimización progresiva

1. «Haz un análisis del mercado de ropa deportiva en Europa durante 2024».
2. «Céntrate en marcas emergentes y tendencias de sostenibilidad».
3. «Incluye datos de crecimiento proyectado, principales competidores y oportunidades de innovación».

Resultado optimizado: Un análisis detallado del mercado europeo de ropa deportiva en 2024; destaca marcas emergentes, enfoques sostenibles, datos de crecimiento y oportunidades claves, mucho más útil que un informe genérico inicial.

Ejemplo 2: Optimización de un prompt para un análisis técnico

Prompt inicial: «Explícame cómo funciona un algoritmo de recomendación».

Problema: La respuesta puede ser genérica o demasiado técnica sin contexto sobre el público objetivo.

Optimización progresiva

1. «Explica cómo funciona un algoritmo de recomendación en términos simples».
2. «Aplícalo a una plataforma de streaming como Netflix».
3. «Incluye ejemplos de algoritmos colaborativos y basados en contenido».

Resultado optimizado: Una explicación clara y bien estructurada del funcionamiento de los algoritmos de recomendación, con ejemplos aplicados a Netflix, accesible para cualquier lector sin conocimientos técnicos avanzados.

Ejemplo 3: Mejorar un prompt creativo para generar ideas de contenido

Prompt inicial: «Dame ideas de contenido para un blog de tecnología».

Problema: La IA podría generar ideas demasiado genéricas o no alineadas con las necesidades reales del blog.

Optimización progresiva

1. «Dame cinco ideas de contenido para un blog de tecnología dirigido a profesionales del sector».
2. «Céntrate en tendencias de inteligencia artificial y blockchain en 2024».
3. «Asegúrate de que las ideas estén orientadas a mejorar la productividad y la innovación empresarial».

Resultado optimizado: Ideas de contenido específicas y relevantes, como «Cómo la IA está transformando la gestión de proyectos» o «El impacto de blockchain en la ciberseguridad empresarial», perfectas para un blog dirigido a profesionales tecnológicos.

Checkpoint: Lo que aprendimos

✔ **Optimizar un prompt no es corregirlo al azar, sino aplicar estrategias estructuradas:** Un análisis claro de la respuesta inicial ayuda a detectar si el problema está en la falta de contexto, ambigüedad o ausencia de formato.

✔ **La evaluación de la respuesta es clave para el ajuste preciso:** Un checklist rápido permite diagnosticar si un prompt necesita más detalles, un formato específico o ajustes en el enfoque.

✔ **La optimización incremental mejora los prompts paso a paso:** Añadir detalles progresivamente permite ajustar sin necesidad de rehacer todo desde cero.

✔ **El prompt inverso transforma la optimización:** Pedir a la IA que genere un «prompt ideal» ofrece una base clara para ajustes inmediatos.

✔ **El ajuste dinámico con retroalimentación de la IA facilita mejoras en tiempo real:** Preguntar al modelo qué información necesita garantiza respuestas más precisas con menos intentos.

✔ **La contextualización progresiva asegura respuestas detalladas sin abrumar al modelo:** Añadir contexto en varias iteraciones evita información superficial o confusa.

✔ **Filtrar con restricciones reduce respuestas genéricas:** Definir lo que no se quiere en una respuesta guía al modelo hacia salidas más útiles.

✔ **El prompt de contraste ofrece múltiples perspectivas:** Comparar respuestas optimistas y críticas permite encontrar un punto medio equilibrado.

✔ **Adaptar el prompt al tipo de tarea mejora la eficiencia:** Ajustar según el propósito (informativo, analítico o creativo) optimiza la calidad de las respuestas.

✔ **Los ejemplos prácticos muestran el poder de la optimización:** Ver cómo un prompt evoluciona paso a paso ilustra la importancia de ajustar, detallar y refinar continuamente.

Próximo nivel

Ya sabes cómo optimizar un prompt cuando la respuesta inicial no cumple tus expectativas. Has aprendido a evaluar, ajustar y aplicar técnicas avanzadas para obtener interacciones más precisas y útiles con la IA.

Pero el siguiente paso va más allá de optimizar un solo prompt: se trata de diseñar flujos de conversación completos que te permitan abordar tareas complejas, dividir proyectos en pasos manejables y mantener interacciones coherentes con la IA.

En el próximo capítulo descubrirás cómo dominar las secuencias de prompts para estructurar tu diálogo con la IA de forma estratégica. Aprenderás a optimizar no solo respuestas individuales, sino también procesos enteros.

Capítulo 4. Domina la conversación

La estrategia secreta de los expertos

Imagina que necesitas escribir un artículo detallado sobre inteligencia artificial. Si simplemente le pides al modelo de lenguaje «Explícame todo sobre la inteligencia artificial», la respuesta será extensa, pero posiblemente superficial y con información dispersa.

En cambio, si divides la solicitud en pasos más pequeños y específicos, lograrás un resultado más estructurado y preciso.

Este método, conocido como secuencia de prompts, consiste en dividir la conversación en pasos progresivos en lugar de hacer una única pregunta general. Es una estrategia que utilizan los expertos para extraer respuestas más útiles y afinadas.

En lugar de recibir un bloque de texto genérico, obtienes una serie de respuestas enfocadas en cada aspecto clave del tema.

¿Qué es una secuencia de prompts?

Una secuencia de prompts es un conjunto de instrucciones organizadas de manera que cada respuesta de la IA sirva como base para la siguiente. De esta forma, la interacción con el modelo se vuelve más refinada y eficiente.

Si en lugar de una única pregunta se plantea una serie de pasos estructurados, la IA podrá responder con mayor profundidad en cada punto, lo que permite ajustar la dirección de la conversación según sea necesario.

Por ejemplo, en lugar de pedir directamente un artículo completo sobre inteligencia artificial, se podría plantear la interacción de la siguiente manera:

1. Explica en términos simples cómo funciona la inteligencia artificial.
2. Dame cinco ejemplos de aplicaciones de inteligencia artificial en la vida cotidiana.
3. De los ejemplos anteriores, elige uno y analiza su impacto en la sociedad.
4. Explica los desafíos éticos asociados con esa aplicación.

Cada paso amplía la información del anterior, y eso permite profundizar en el tema sin perder el control de la conversación.

Beneficios de las secuencias de prompts

Cuando se utiliza este método, las respuestas de la IA se vuelven más organizadas y adaptadas a la intención del usuario. Entre los principales beneficios destacan:

- **Mayor precisión:** Se evita recibir respuestas amplias y poco enfocadas.
- **Mejor estructura:** La información se organiza de manera progresiva, de modo que se facilita su comprensión.
- **Optimización de la conversación:** Permite hacer ajustes en cada respuesta antes de avanzar a la siguiente fase.
- **Control sobre la interacción:** Si la IA se desvía del tema, es posible corregir el rumbo sin perder toda la conversación previa.

Tipos de secuencias de prompts

Secuencias de exploración

Diseñadas para investigar un tema paso a paso, lo que permite que la IA desarrolle el contenido de forma progresiva.

Ejemplo:

1. Dame una visión general sobre la energía renovable.
2. Explica cuáles son las tres fuentes de energía renovable más eficientes.
3. Describe cómo funciona cada una de ellas.
4. Compara la eficiencia de la energía solar y la eólica en términos de costos y beneficios.

Secuencias de refinamiento

Útiles cuando la primera respuesta de la IA no es lo suficientemente detallada o clara y se necesita mejorarla gradualmente.

Ejemplo:

1. Redacta una introducción para un artículo sobre inteligencia artificial.
2. Haz que sea más persuasiva para captar la atención del lector.
3. Incluye una estadística relevante en la introducción.
4. Ajusta el tono para que sea accesible a un público general.

Secuencias de análisis crítico

Permiten desglosar un tema desde diferentes perspectivas antes de llegar a una conclusión.

Ejemplo:

1. Explica el impacto de la inteligencia artificial en el mercado laboral.
2. Expón argumentos a favor del uso de IA en empresas.
3. Expón argumentos en contra del uso de IA en empresas.
4. Basado en los pros y contras, formula una conclusión equilibrada.

Secuencias creativas

Se utilizan para generar contenido original de manera estructurada, y eso fomenta la creatividad del modelo.

Ejemplo:

1. Dame cinco ideas para una historia de ciencia ficción.
2. Elige una y desarrolla un resumen.
3. Escribe un diálogo entre dos personajes de la historia.
4. Propón un giro inesperado para el final.

Cómo diseñar secuencias de prompts efectivas

Para aprovechar esta estrategia, es recomendable:

- Formular cada prompt como un paso lógico dentro de la conversación.
- Evitar solicitar demasiada información en una sola pregunta.
- Usar numeraciones o instrucciones específicas para organizar las respuestas.
- Revisar cada respuesta antes de avanzar al siguiente paso, para corregir errores o ajustar la dirección de la conversación.

Las secuencias de prompts permiten estructurar la información de manera progresiva, pero en algunos casos es necesario aplicar otro enfoque: la fragmentación de tareas. En el siguiente apartado, exploraremos cómo dividir problemas complejos en partes más manejables para obtener respuestas más precisas y detalladas.

Divide y vencerás: cómo simplificar tareas complejas

Cuando te enfrentas a una tarea difícil, ¿cómo la abordas? Imagina que necesitas escribir un informe detallado sobre la evolución de la inteligencia artificial. Si intentas redactarlo de una sola vez, es probable que la información quede desorganizada o incompleta. En cambio, si divides el proceso en partes más pequeñas —investigar antecedentes, estructurar la información, desarrollar cada sección y revisar el contenido—, el resultado será más claro y preciso.

Este principio, conocido como «divide y vencerás», es una estrategia clave para optimizar la interacción con los modelos de lenguaje. En lugar de hacer una solicitud extensa y compleja en un solo prompt, dividir la tarea en pasos más manejables permite obtener respuestas más estructuradas, precisas y útiles.

Por qué simplificar las tareas mejora los resultados

Cuando se solicita una respuesta compleja en un solo prompt, la IA puede generar información demasiado general, con falta de detalles o incluso con datos redundantes.

Sin embargo, si la solicitud se divide en partes más específicas, la IA puede enfocarse en cada aspecto por separado; esto garantiza respuestas más detalladas y organizadas.

Este enfoque tiene varias ventajas:

- **Mejora la claridad:** La IA responde de manera más precisa a preguntas concretas.
- **Permite ajustes progresivos:** Se pueden revisar las respuestas en cada paso y hacer correcciones antes de avanzar.
- **Facilita la personalización:** Se pueden adaptar las solicitudes a medida que se avanza en la conversación.
- **Reduce el riesgo de información imprecisa:** Al centrar la IA en aspectos específicos, se minimizan errores o divagaciones innecesarias.

Cómo dividir tareas complejas en prompts más simples

El proceso de fragmentación de tareas se puede aplicar en distintos escenarios. En función del tipo de información que se necesita, existen diversas formas de dividir un prompt complejo en partes más manejables.

1. Desglosar un tema en secciones específicas

Si se necesita un análisis detallado sobre un tema, en lugar de solicitarlo de manera global, es mejor dividirlo en preguntas concretas.

Ejemplo sin fragmentación:

✕ «Explícame la historia de la inteligencia artificial, sus aplicaciones actuales y sus posibles desarrollos futuros».

Ejemplo con fragmentación:

1. «Haz un resumen de la historia de la inteligencia artificial».
2. «Dame cinco ejemplos de aplicaciones actuales de la inteligencia artificial en distintas industrias».
3. «Analiza posibles desarrollos futuros de la inteligencia artificial y sus implicaciones».

Cada pregunta permite que la inteligencia artificial se enfoque en una parte del tema, lo que genera respuestas más organizadas y detalladas.

2. Dividir un proceso en pasos secuenciales

Cuando se necesita explicar un procedimiento, estructurarlo en pasos facilita la comprensión y mejora la calidad de la respuesta.

Ejemplo sin fragmentación:

✕ «Explícame cómo escribir un artículo optimizado para SEO».

Ejemplo con fragmentación:

1. «¿Cuáles son los elementos claves de un artículo optimizado para SEO?».
2. «Cómo investigar palabras claves para un artículo de blog».

3. «Cómo estructurar un artículo para mejorar su posicionamiento en buscadores».
4. «Cómo optimizar el contenido con enlaces y metadatos».

Este enfoque permite obtener instrucciones detalladas para cada fase del proceso, en lugar de una respuesta general que podría omitir información importante.

3. Dividir la información en niveles de profundidad

Si se necesita una respuesta con distintos niveles de detalle, se puede comenzar con una pregunta general y luego solicitar explicaciones más específicas.

Ejemplo sin fragmentación:

✕ «Explícame qué es el aprendizaje profundo y cómo se relaciona con la inteligencia artificial».

Ejemplo con fragmentación:

1. «Dame una definición breve de aprendizaje profundo».
2. «Explica cómo funciona el aprendizaje profundo en términos sencillos».
3. «Describe cómo el aprendizaje profundo se aplica en inteligencia artificial».
4. «Dame un ejemplo concreto de cómo el aprendizaje profundo mejora el reconocimiento de imágenes».

Al dividir el contenido en niveles, la información se vuelve más accesible y fácil de entender.

4. Separar las tareas según el tipo de información requerida

En algunos casos, una tarea puede incluir diferentes tipos de información, como definiciones, análisis y comparaciones. Separar estos elementos en prompts individuales ayuda a estructurar mejor la respuesta.

Ejemplo sin fragmentación:

✕ «Dame una lista de herramientas de inteligencia artificial y compáralas según sus funciones».

Ejemplo con fragmentación:

1. «Haz una lista de cinco herramientas de inteligencia artificial populares».
2. «Describe la función principal de cada herramienta».
3. «Compara dos de las herramientas anteriores en términos de facilidad de uso y capacidades».

Este método permite que cada parte de la respuesta sea clara y completa antes de pasar a la siguiente.

La fragmentación de tareas permite obtener respuestas más precisas y organizadas, pero no es el único método para mejorar la interacción con la IA.

En el siguiente apartado, exploraremos una técnica esencial para dirigir mejor las respuestas del modelo de lenguaje: cómo formular instrucciones claras que guíen a la IA en la dirección correcta.

Uso de secuencias de prompts en flujos de trabajo continuos

Como hemos visto, aunque los modelos de lenguaje son capaces de generar respuestas amplias y detalladas, la calidad de la información tiende a mejorar significativamente cuando se divide el proceso en pasos más pequeños y manejables.

El uso de secuencias de prompts o prompts encadenados permite estructurar la generación de contenido de manera progresiva, lo que garantiza que cada parte del proceso se refine antes de avanzar a la siguiente fase.

Esta estrategia no solo mejora la coherencia y la profundidad del contenido, sino que también evita respuestas genéricas o desorganizadas.

A continuación, exploraremos cómo implementar este enfoque mediante un caso práctico en la generación de contenido optimizado para SEO y cómo aplicarlo a otros flujos de trabajo automatizados.

Prompts encadenados para generar contenido

Supongamos que queremos generar un artículo de blog sobre estrategias de marketing digital para pequeñas empresas.

En lugar de pedirle a la IA que escriba el artículo completo de una vez, lo dividimos en cuatro pasos claves:

1. Definir la estructura del artículo

Antes de empezar a escribir, es fundamental establecer una estructura clara que defina los temas que se van a tratar, el orden en el que se presentarán y cómo se optimizará el contenido para SEO.

Prompt:

«Genera una estructura detallada para un artículo sobre "Estrategias de marketing digital para pequeñas empresas".

Incluye un título atractivo, subtítulos optimizados para SEO y una introducción breve».

Razones para este prompt:

- La IA genera una guía clara del contenido antes de escribirlo.
- Se asegura que los subtítulos contengan palabras claves relevantes para SEO.
- La introducción establece el tono y el objetivo del artículo.

Resultado esperado:

La IA responderá con una lista de secciones, por ejemplo:

1. **Introducción**: Importancia del marketing digital para pequeñas empresas.
2. **Estrategias claves**: SEO, redes sociales, email marketing y publicidad pagada.
3. **Errores comunes**: Qué evitar al implementar una estrategia de marketing.
4. **Conclusión**: Resumen y llamada a la acción.

2. Desarrollar cada sección del contenido

Con la estructura establecida, se puede desarrollar cada sección de manera individual, y eso asegura que cada parte tenga la profundidad y claridad necesarias.

Prompt:

«Basándote en la estructura generada previamente, redacta el contenido de la primera sección: "Importancia del marketing digital para pequeñas empresas".

Usa un tono informativo y persuasivo».

Razones para este prompt:

- La IA se centra en una sola sección, por lo que evita respuestas desordenadas.
- Se indica el tono deseado para la redacción.
- Se mantiene la coherencia con la estructura establecida en el paso anterior.

Resultado esperado:

La inteligencia artificial generará un texto detallado sobre la importancia del marketing digital. El texto incluirá estadísticas y ejemplos, así como beneficios específicos para pequeñas empresas.

Mejor práctica: Repetir este paso para cada sección para refinar el contenido antes de avanzar al siguiente punto.

3. Optimizar el contenido para SEO

Una vez que el artículo está redactado, es necesario asegurarse de que cumpla con los criterios de optimización para buscadores.

Prompt:

«Revisa el artículo generado y optimízalo para SEO.

Asegúrate de que incluya palabras claves relevantes, encabezados bien estructurados y un metatítulo con una metadescripción efectiva».

Razones para este prompt:

- Se ajusta el contenido para mejorar su posicionamiento en motores de búsqueda.
- Se optimizan los encabezados para facilitar la lectura y el escaneo rápido.
- Se incluyen metatítulo y metadescripción, elementos claves para el SEO.

Resultado esperado:

El texto generado incluirá ajustes como:

- Uso estratégico de palabras claves en títulos y subtítulos.
- Un metatítulo atractivo para mejorar la tasa de clics en Google.
- Metadescripción optimizada con llamada a la acción.

Mejor práctica: Si el artículo se publicará en un blog, puedes añadir un prompt adicional para generar etiquetas y palabras claves relacionadas:

«Genera cinco palabras claves relacionadas con el artículo y tres hashtags para redes sociales».

4. Revisar y mejorar la redacción

El último paso antes de publicar el contenido es pulir la redacción para que sea atractiva y fácil de leer.

Prompt

«Edita el artículo para que tenga un tono conversacional y atractivo.

Asegúrate de que los párrafos sean claros y concisos, con llamadas a la acción al final».

Razones para este prompt:

- Se mejora la fluidez del texto, lo que lo hace más fácil de leer.
- Se evita un tono demasiado técnico o robótico.
- Se agregan llamadas a la acción para incentivar la participación del lector.

Resultado esperado:

El artículo final será más dinámico, claro y persuasivo, y eso aumenta su impacto en el lector.

Mejor práctica: Para un refinamiento final, se puede pedir a la IA que detecte posibles errores gramaticales y sugerencias de mejora con el prompt:

«Revisa el artículo y sugiere cambios para mejorar la claridad y la coherencia del texto».

Aplicación de prompts encadenados en flujos de trabajo automatizados

El uso de secuencias de prompts no se limita a la redacción de contenido.

Existen múltiples flujos de trabajo en los que esta estrategia puede mejorar la eficiencia y la precisión de los resultados generados por la IA.

Te muestro dos ejemplos:

1. Generación de informes de datos

Si necesitas obtener un informe basado en información estructurada, en lugar de pedir toda la información en un solo paso, puedes desglosarlo en partes:

1. **Solicitar la recopilación de datos:** «Recopila información sobre las tendencias de mercado en la industria tecnológica en 2024 y presenta un resumen con estadísticas claves».
2. **Analizar y sintetizar la información:** «Analiza los datos recopilados y extrae tres conclusiones principales sobre el crecimiento del sector tecnológico».
3. **Redactar el informe final:** «Genera un informe basado en las conclusiones obtenidas, que incluye una introducción, análisis detallado y recomendaciones para empresas emergentes».

2. Creación de guiones para vídeos o pódcast

Si deseas producir un vídeo educativo o un episodio de pódcast, puedes dividir el proceso en fases:

1. **Definir el esquema del guion:** «Genera una estructura detallada para un vídeo sobre "Cómo invertir en criptomonedas en 2024". Incluye introducción, puntos claves y cierre».

2. **Redactar el contenido de cada sección:** «Escribe el desarrollo de la primera parte del guion: Introducción al mundo de las criptomonedas y su evolución en la última década».
3. **Optimizar el guion para hacerlo más dinámico:** «Edita el guion para que tenga un tono conversacional, con pausas naturales y preguntas retóricas que mantengan la atención del espectador».

El uso de secuencias de prompts permite dividir tareas complejas en pasos más manejables, lo que mejora la precisión y calidad de los resultados.

Al aplicar esta técnica, se obtiene un mayor control sobre el contenido generado y se evitan respuestas genéricas o desorganizadas.

A medida que se domina esta técnica, la interacción con la IA se vuelve más estratégica y eficiente, lo que facilita la automatización de procesos y la generación de contenido de alto valor.

Secuencias probadas y validadas

El éxito en la interacción con la inteligencia artificial no depende solo de hacer preguntas, sino de saber cómo hacerlas.

En este espacio, compartiré contigo algunas de mis secuencias de prompts avanzadas, diseñadas, probadas y validadas en Promptea, la plataforma donde enseño a optimizar la comunicación con IA para obtener respuestas precisas, estructuradas y alineadas con objetivos estratégicos.

Cada secuencia que verás aquí se ha desarrollado para maximizar la efectividad de los modelos de lenguaje en tareas complejas como marketing, ventas, generación de contenido, análisis de datos y mucho más.

No se trata solo de hacer que la IA responda, sino de hacer que responda exactamente como lo necesitas.

Segmentación del cliente en marketing y ventas

En el marketing y las ventas, la clave del éxito reside en conocer profundamente a tu audiencia. Cada cliente potencial se encuentra en un punto distinto de su viaje hacia la compra y transita por diversos niveles de conciencia respecto a tu producto o servicio.

Desde un desconocimiento inicial hasta una lealtad ferviente que impulsa a recomendar tu marca, comprender estos niveles es vital.

Esta secuencia de prompts está diseñada para explorar los cinco niveles de conciencia del cliente, lo que te ofrece una guía estratégica para atraer y convertir de manera eficaz.

Si la aplicas con tu producto o tu servicio, tendrás una visión clara sobre cómo navegar por estos niveles para ajustar tus estrategias de marketing.

Esto garantiza que cada interacción resuene poderosamente con las necesidades y el estado mental de tus clientes en cada fase de su viaje de compra.

Secuencia de prompts

📌 Prompt 1: Asignar rol

Como hemos visto en capítulos anteriores, asignar un rol específico al modelo optimiza su rendimiento.

Al dirigir al modelo para que actúe como un experto en un campo particular, puedes sacar el máximo provecho de sus capacidades, lo que asegura que sus respuestas y sugerencias sean las más adecuadas y efectivas para alcanzar tus objetivos.

Prompt:

Eres un especialista en marketing digital con un enfoque en el conocimiento del cliente a través de múltiples plataformas.

Tu rol es analizar y segmentar a los clientes según su nivel de conciencia sobre cualquier producto o servicio.

Basándote en esta segmentación, elaborarás mensajes personalizados que se alineen a la perfección con cada nivel de conciencia, tanto con aquellos que nunca han oído hablar de ese producto o servicio como con los evangelistas de la marca.

Tus tareas incluyen la creación de contenido específico para campañas de email, publicaciones en redes sociales y anuncios pagados.

Por favor, confirma que has comprendido tu rol respondiendo «entendido», y espera mis instrucciones para comenzar con la primera tarea.

📌 Prompt 2: Establecer contexto

Establecer el contexto adecuado es fundamental para asegurar que las respuestas y estrategias que propone estén alineadas con las necesidades específicas de tu campaña y audiencia.

Un buen contexto guía al modelo para que comprenda profundamente el entorno en el que debe operar; debe incluir las características del mercado, las particularidades del producto y las expectativas de los clientes.

Prompt:

Voy a proporcionarte información detallada sobre nuestro [producto/servicio], el cual ofrece soluciones innovadoras en el mercado de [especifica el mercado, como «tecnología verde» o «salud digital»].

Exactamente, lo que vendo es [explicar con detalle qué es lo que vendes] y me dirijo a [explicar quién es tu público objetivo] con diferentes niveles de conciencia.

Confirma que has entendido el contexto diciendo «claro» y espera a que te proporcione detalles más específicos para comenzar.

📌 Prompt 3: Definir los niveles de conciencia

Comprender los diferentes niveles de conciencia del cliente respecto a tu producto o servicio es esencial para personalizar tu marketing y comunicación de manera efectiva.

Prompt:

Define y describe los cinco niveles de conciencia de mi público objetivo respecto a mi solución.

Los niveles son:

Inconsciente del problema: Aquí, los clientes no son conscientes de que tienen un problema que nuestra solución podría resolver.

Consciente del problema: Los clientes reconocen el problema, pero no conocen las soluciones disponibles.

Consciente de la solución: Los clientes están informados sobre diferentes soluciones, incluida la nuestra, pero aún no han decidido.

Consciente de la decisión: Los clientes están evaluando activamente las opciones, incluidos los detalles específicos de nuestra oferta.

Consciente del producto: Los clientes están completamente informados sobre nuestra solución y son defensores activos de nuestra propuesta.

📌 Prompt 4: Afinando la comunicación

Cada nivel de conciencia del cliente requiere un enfoque comunicativo distinto para maximizar el impacto y la relevancia del mensaje.

Prompt:

Basándote en los cinco niveles de conciencia del cliente que hemos identificado, elabora guías de comunicación que incluyan el tono, los mensajes claves y las llamadas a la acción para cada nivel.

Aquí están las directrices:

Inconsciente del problema: Usa un tono informativo y educativo para introducir el problema que resuelve nuestra solución, sin asumir conocimiento previo.

Consciente del problema: Enfócate en empatizar con su reconocimiento del problema y presenta nuestra solución como una opción viable.

Consciente de la solución: Destaca las ventajas y características únicas de nuestra solución para diferenciarla de la competencia.

Consciente de la decisión: Proporciona información detallada y comparativa que ayude al cliente a tomar una decisión informada.

Consciente del producto: Enfatiza el valor continuo y el soporte que ofrecemos de modo que incentive la promoción y la defensa de la marca.

Cada guía debe ser coherente y estar alineada con nuestra propuesta de valor.

Prompt 5: Crear un calendario editorial

Un calendario editorial bien estructurado asegura que cada mensaje se entregue en el momento óptimo y de la manera más efectiva.

Prompt:

Elabora un calendario editorial que contemple diez piezas de contenido para cada uno de los cinco niveles de conciencia del cliente.

El calendario debe presentarse en formato de tabla y debe incluir las siguientes columnas:

Nivel de conciencia: Enumera el nivel de conciencia al que se dirige cada contenido (por ejemplo, Inconsciente del Problema, Consciente del Problema, etc.).

Tono: Describe el tono adecuado para comunicarte con los clientes en ese nivel de conciencia (como educativo, informativo, persuasivo).

Tema principal: Detalla el tema principal de cada pieza de contenido. Asegúrate de que cada tema sea relevante para el nivel de conciencia asociado.

Con esta secuencia de prompts avanzada puedes optimizar la segmentación de tu audiencia y adaptar tu estrategia de marketing para cada nivel de conciencia.

De esta forma maximizas el impacto de tus mensajes y aseguras una comunicación efectiva en cada etapa del recorrido del cliente.

Textos persuasivos

El poder de las palabras en la redacción persuasiva es innegable.

Un mensaje bien estructurado puede captar la atención, despertar emociones y generar conversiones de manera efectiva. Sin embargo, elegir las palabras adecuadas no siempre es una tarea sencilla.

Si quieres mejorar tu habilidad para escribir textos que conecten con tu audiencia e impulsen las ventas, esta secuencia de prompts te proporcionará herramientas para optimizar cada parte de tu mensaje.

A través de estos prompts, podrás generar y aplicar palabras persuasivas en distintos elementos claves de tu texto:

1. **Ganchos**: Captar la atención desde la primera línea.
2. **Beneficios**: Comunicar el valor de tu producto o servicio de manera convincente.
3. **Cerradores**: Motivar a la audiencia a pasar a la acción.
4. **Emociones**: Despertar sentimientos que refuercen la decisión de compra.
5. **Resultados**: Mostrar el impacto tangible de lo que ofreces.

Con estos cinco enfoques, tendrás un recurso poderoso para elevar la calidad de tus textos y maximizar su impacto en marketing, ventas y comunicación persuasiva.

Secuencia de prompts avanzadas

📌 Prompt 1: Generar palabras que venden

El primer paso para mejorar un texto persuasivo es contar con un repertorio de palabras diseñadas para atraer, convencer y motivar a la audiencia. A través de este prompt, obtendrás listas específicas de términos y frases que potencian la comunicación en cada área clave de un mensaje persuasivo.

1. Ganchos: Captar la atención.

Prompt:

Voy a darte una lista de tipos de captadores de atención que atraen a la audiencia hacia un mensaje. Quiero que me des un listado de tres palabras o frases para cada categoría de «Palabras que venden».

Por ejemplo, para la categoría «Avance», podrías indicarme: ganar, guardar, obtener, gratis, prueba gratuita, inside, etc.

Categorías que llaman la atención:

- avances;
- gratis/premio;
- venta/descuento;

- oferta de prueba/sin compromiso;
- cabezas y lemas;
- saludos e invitaciones;
- apertura con una pregunta;
- apertura con una declaración;
- apertura con un desafío;
- transiciones rápidas.

2. Beneficios: Transmitir el valor del producto o servicio.

Prompt:

Voy a darte una lista de tipos de palabras y frases utilizadas para transmitir las cualidades convincentes de un producto o servicio.

Quiero que me des una lista de tres palabras o frases para cada categoría de «Palabras que venden».

Por ejemplo, para la categoría «Atractivo», podrías decirme: irresistible, especial, encantador, maravilloso, mágico, etc.

Categorías de calidad:

- apelando;
- auténtico;
- pertenencia/membresía;
- grande/muchos;
- elección/control;
- cómodo;
- competitivo;
- completo/exhaustivo;
- conveniente;
- distinguido/estado;
- duradero/sólido;

- fácil;
- emocionante/estimulante;
- experimentado/experto;
- poderoso;
- confiable;
- resultados/rendimiento;
- útil/práctico.

3. Cerradores: Motivar la acción.

Prompt:

Voy a darte una lista de tipos de palabras y frases utilizadas como declaraciones finales persuasivas (incluidas garantías e información de pedido) que pueden empujar a un lector indeciso a superar el umbral de respuesta.

Quiero que me des una lista de tres palabras o frases para cada categoría de «Palabras que venden».

Por ejemplo, para la categoría «Persuadir a tu audiencia», podrías decirme:

- Sin lugar a duda.
- En resumen, este ____ te ayudará.
- Obtendrás todos estos beneficios.
- Empieza a cosechar los beneficios hoy.
- Es una pequeña inversión que generará enormes beneficios.

Categorías de cierre:

- persuadir a tu audiencia;
- minimizar el riesgo;
- el momento de la decisión;
- el llamado a la acción;

- garantías;
- información del pedido;
- Seguimiento poscompra.

4. Emociones: Conectar con el público.

Prompt:

Voy a darte una lista de tipos de palabras y frases utilizadas como desencadenantes emocionales.

Quiero que me des una lista de tres palabras o frases para cada categoría de «Palabras que venden».

Por ejemplo, para la categoría «molestia», podrías darme: harto, limitado, apretando los engranajes, ineficiente, etc.

Categorías de emociones:

- molestia;
- benevolencia;
- aburrimiento;
- confianza;
- curiosidad;
- desesperación;
- felicidad;
- indiferencia;
- inseguridad;
- lujuria;
- optimismo;
- pasión;
- orgullo;
- sorpresa;
- compasión;

- vanidad;
- ingenio.

5. Resultados: Mostrar impacto tangible.

Prompt:

Voy a darte una lista de tipos de palabras y frases utilizadas como desencadenantes de resultados/transformación.

Quiero que me des una lista de tres palabras o frases para cada categoría de «Palabras que venden».

Por ejemplo, para la categoría «Tiempo de corte», podrías indicarme: Rápido, Inmediato, Instantáneo, etc.

Categorías de resultados/transformación:

- reducir un resultado negativo existente;
- hacer una tarea más fácil;
- ahorrar tiempo;
- ganar dinero;
- obtener un resultado más positivo;
- sentirse mejor consigo mismo.

📌 Prompt 2: Mejora tus textos con palabras persuasivas

Una vez que tengas tu listado de palabras que venden, el siguiente paso es aplicarlas estratégicamente en tus textos.

Con este prompt, puedes optimizar cualquier contenido; incorpora términos persuasivos que refuercen su impacto.

Prompt:

Optimiza el siguiente texto utilizando algunas de las palabras persuasivas generadas en el listado [elige entre ganchos, beneficios, cerradores, emociones o resultados].

Asegúrate de seleccionar términos que resalten los beneficios, despierten emociones positivas y motiven a la acción. Haz que el texto sea aún más persuasivo y atractivo para la audiencia.

Texto para mejorar: [INSERTAR TEXTO].

Las palabras tienen el poder de influir en las decisiones de compra, y utilizar los términos correctos en cada parte de un mensaje persuasivo puede marcar la diferencia entre captar la atención de tu audiencia o pasar desapercibido.

Con esta secuencia de prompts, puedes potenciar la efectividad de tus textos publicitarios, correos electrónicos, páginas de ventas y cualquier otro contenido donde la persuasión sea clave.

Al aplicar estos principios en tu estrategia de comunicación, lograrás que tus mensajes no solo sean leídos, sino que también generen acción y conversión.

Mejora tu CV

La búsqueda de empleo es una travesía que requiere no solo habilidades y experiencia, sino también la capacidad de presentar tu candidatura de manera única y atractiva. En un mercado laboral cada vez más competitivo, no basta con tener un buen curriculum vitae (CV); es esencial personalizar y adaptar tu candidatura para resaltar en cada oferta de empleo específica.

Este apartado se centra en la importancia de una candidatura meticulosamente personalizada. El modelo actuará como tu consultor de carrera, te ayudará a pulir cada aspecto de tu candidatura, desde la claridad y concisión hasta el enfoque en tus puntos fuertes, lo que garantiza que destaques como el candidato ideal para el puesto.

El objetivo es que al final de esta secuencia de prompts, no solo tengas un CV más fuerte, sino también una comprensión más profunda de cómo cada aplicación de empleo requiere un enfoque único; elevarás así tus posibilidades de éxito en la búsqueda de tu próxima oportunidad laboral.

Secuencia de prompts avanzados

📌 Prompt 1: Asignar rol al modelo

Para obtener una asesoría efectiva, el primer paso es indicar al modelo el rol que debe asumir.

Este enfoque optimiza la calidad de sus respuestas y garantiza que las sugerencias estén alineadas con tus objetivos profesionales.

Prompt:

Eres un consultor experto en desarrollo de carrera y redacción de CV, con amplia experiencia en la optimización de perfiles profesionales para distintas industrias.

Tu tarea es brindar asesoramiento detallado y específico para mejorar mi curriculum vitae; resalta mis habilidades, experiencia y logros de manera que me destaque en los procesos de selección laboral.

Por favor, comienza por preguntarme sobre mi experiencia laboral actual, mis logros más significativos y las áreas donde creo que necesito mejorar.

Basado en mis respuestas, proporciona sugerencias concretas y personalizadas para cada sección de mi CV.

¿Estás listo para asumir este rol?

📌 Prompt 2: Contexto sobre tu perfil profesional

Para que el LLM pueda brindarte sugerencias precisas, es fundamental compartir un resumen detallado de tu experiencia y habilidades.

Esta información permitirá adaptar el CV a las expectativas del mercado laboral.

Prompt:

Voy a describir mi perfil profesional para que puedas entender mejor mis cualificaciones y experiencia.

Soy [tu nombre o pseudónimo], con experiencia en [tu campo o industria] durante [número de años de experiencia].

Mis principales habilidades incluyen [enumera tus habilidades más destacadas], y he trabajado en proyectos o roles destacados como [describe brevemente tus roles o proyectos más significativos].

Mi educación consiste en [detalla tu educación y cualquier certificación relevante de la que dispongas].

He enfrentado desafíos como [menciona cualquier desafío profesional relevante que hayas superado] y he logrado [destaca tus logros más significativos en esa área].

Mi objetivo es encontrar un rol que me permita [describe con detalle tus objetivos profesionales o aquello que buscas en tu próximo rol].

Si has entendido la información dime «ok» y te doy una nueva instrucción.

📌 Prompt 3: Aporta tu CV (opcional)

En plataformas como ChatGPT, puedes subir tu CV en forma de archivo y permitir que la inteligencia artificial analice directamente su contenido.

Prompt:

Comparto contigo mi CV, dime si lo has recibido correctamente, y espera que te dé la siguiente indicación.

Este paso agiliza el proceso de optimización, lo que permite que ChatGPT brinde recomendaciones más detalladas basadas en el contenido real de tu documento.

📌 Prompt 4: Adaptación del CV a una oferta de empleo específica

Cada oferta de empleo presenta un conjunto único de requisitos, expectativas y cultura empresarial. Adaptar tu candidatura a estos elementos es esencial para destacar entre los candidatos.

Prompt:

Quiero postularme a una oferta de empleo que considero ideal para mi desarrollo profesional.

La oferta es para un puesto de [nombre del puesto] en [nombre de la empresa o sector], y los requisitos incluyen [enumera los requisitos principales de la oferta, como habilidades específicas, experiencia requerida, calificaciones educativas].

Las responsabilidades del rol incluyen [describe brevemente las principales responsabilidades del trabajo].

Creo que este puesto es una excelente oportunidad para mí porque [explica por qué el puesto se alinea con tus habilidades, experiencia y objetivos profesionales].

Necesito ayuda para adaptar mi CV y la carta de presentación para resaltar cómo mis habilidades y experiencias anteriores me hacen un candidato ideal para este puesto específico.

Si puedes orientarme basándote en esta información, dime «estoy preparado para ayudarte» y espera a mis indicaciones.

Este prompt permite que la IA personalice el contenido de tu CV y tu carta de presentación; eso asegura que se ajusten a la descripción del puesto y aumenten tus probabilidades de éxito en la postulación.

📌 Prompt 5: Indicaciones específicas para mejorar tu CV

Una vez que el modelo tenga información sobre tu experiencia y la oferta de empleo para la que deseas postularte, el siguiente paso es recibir sugerencias concretas para mejorar tu CV.

Prompts para ajustes específicos:

«Revisa la estructura actual de mi CV y sugiere un formato más impactante».

«Propón una forma efectiva de presentar mi experiencia laboral».

«Ayúdame a redactar un resumen que sea profesional atractivo y conciso».

«Sugiere habilidades claves para incluir, basadas en mi experiencia en [tu industria]».

Estos prompts permiten afinar cada sección del CV, lo que garantiza que el documento refleje de manera óptima tu perfil profesional y aumente tu competitividad en los procesos de selección.

El éxito en la búsqueda de empleo no solo depende de la experiencia y habilidades que poseas, sino también de cómo las presentas en tu CV y candidatura.

Con esta secuencia de prompts, puedes transformar tu CV en una herramienta de alto impacto y optimizarlo según las mejores prácticas de redacción y personalización.

Aplicar estos prompts te permitirá adaptar tu currículum de manera estratégica para cada oferta de empleo; podrás destacar tus fortalezas de forma efectiva y aumentar así tus probabilidades de éxito en el proceso de selección.

Por qué incluir una confirmación previa en algunos prompts

Como has podido observar en las secuencias anteriores, al final de ciertos prompts, es recomendable incluir una instrucción específica como:

«Por favor, confirma que has comprendido tu rol respondiendo «entendido», y espera mis instrucciones para comenzar con la primera tarea».

Este enfoque no es casual. Se trata de una técnica estratégica para optimizar la interacción con la inteligencia artificial, lo que asegura que el modelo responda de manera más eficiente y alineada con los objetivos del usuario.

1. Control sobre la respuesta y prevención de anticipaciones

Uno de los problemas más comunes al interactuar con modelos de lenguaje es que tienden a responder con información completa de inmediato, incluso cuando aún no han recibido todos los detalles necesarios.

Al solicitar primero una confirmación con un simple «entendido», se evita que la IA genere una respuesta prematura y fuera de contexto.

2. Segmentación de la interacción para mayor precisión

Dividir la solicitud en múltiples pasos permite que la IA procese cada instrucción de manera progresiva. Esto es especialmente útil en prompts complejos, donde es fundamental definir contexto, estructura y variables claves antes de que el modelo pase a la ejecución.

3. Reducción de respuestas genéricas o mal enfocadas

Cuando la IA responde de inmediato sin confirmar su comprensión, existe el riesgo de que la respuesta sea demasiado superficial o alejada de la intención real del usuario. Con este método, se obliga al modelo a verificar primero el contexto antes de proceder, lo que ayuda a reducir respuestas imprecisas o irrelevantes.

4. Mayor flexibilidad y capacidad de ajuste

Al requerir que la IA confirme su rol antes de generar contenido, se abre la posibilidad de ajustar o corregir la dirección de la interacción sin perder el flujo de la conversación.

Si el modelo ha interpretado mal el objetivo o el contexto, es posible refinar las instrucciones antes de continuar; eso evita la necesidad de reformular todo el prompt desde el inicio.

Incluir una confirmación previa en los prompts no solo mejora la calidad de las respuestas, sino que también proporciona un mayor control sobre la interacción con la inteligencia artificial. Al aplicar esta técnica, es posible obtener respuestas más precisas, estructuradas y alineadas con los objetivos del usuario; así se optimiza el uso del modelo en tareas complejas y estratégicas.

Checkpoint: Lo que aprendimos

✔ **Los expertos no hacen una sola pregunta, crean secuencias de prompts**: En lugar de esperar que la IA acierte con una respuesta perfecta desde el primer intento, los expertos estructuran interacciones en varios pasos; van refinando y guiando la conversación hasta obtener el mejor resultado.

✔ **Las secuencias de prompts optimizan la calidad de las respuestas**: Dividir una tarea compleja en varios pasos permite obtener respuestas más precisas, bien estructuradas y alineadas con el objetivo.

✔ **Existen distintos tipos de secuencias de prompts**: Algunas sirven para explorar un tema en profundidad, otras para optimizar respuestas previas y otras para generar contenido de manera estratégica. Elegir el tipo adecuado mejora significativamente la interacción.

✔ **Dividir tareas complejas en prompts más simples es clave**: Un prompt que pide demasiada información de una sola vez puede generar una respuesta desordenada. Es mejor estructurar la interacción en pasos lógicos, lo que asegura que cada parte del proceso tenga la profundidad necesaria.

✔ **Los prompts encadenados son fundamentales en la automatización**: En marketing, ventas, redacción y análisis de datos, diseñar secuencias de prompts bien estructuradas facilita la generación de contenido, la optimización de estrategias y la toma de decisiones basada en IA.

✔ **La confirmación previa mejora la precisión de las respuestas**: Pedir a la IA que valide su rol o comprensión antes de ejecutar una tarea ayuda a evitar respuestas genéricas o fuera de contexto.

Próximo nivel

Ya dominas las secuencias de prompts y sabes cómo optimizar respuestas paso a paso. Ahora es momento de llevar tu prompting al siguiente nivel con técnicas avanzadas: depuración de prompts, delimitadores, resúmenes estratégicos y la creación de plantillas reutilizables para maximizar la eficiencia de cada interacción.

Capítulo 5. Técnicas avanzadas de prompting

Hasta ahora, has aprendido a construir prompts efectivos, optimizarlos y evitar errores comunes.

Pero el verdadero poder del prompting surge cuando dominas técnicas avanzadas que te permiten llevar tus interacciones con la IA a otro nivel.

En este capítulo, descubrirás herramientas y estrategias que utilizan los expertos en IA para generar respuestas más precisas, creativas y eficientes.

Aprenderás a usar delimitadores para estructurar mejor tus solicitudes, a resumir conversaciones largas para no perder el hilo, a crear plantillas de prompts reutilizables que ahorran tiempo y garantizan resultados consistentes y a aplicar técnicas como zero-shot, one-shot y few-shot prompting para ajustar el número de ejemplos y mejorar la precisión de las respuestas.

Estas técnicas no solo harán que tus prompts sean más efectivos, sino que también te darán la flexibilidad de adaptarlos a cualquier situación, proyecto o necesidad. Si dominar los fundamentos ya te ha permitido obtener mejores respuestas, las técnicas avanzadas te darán el control total.

Prepárate para explorar herramientas que transformarán tu forma de interactuar con la IA y te convertirán en un verdadero experto en prompting.

La importancia de los delimitadores

Al estructurar un prompt, la claridad es clave para obtener respuestas precisas y organizadas.

Una de las técnicas más efectivas para mejorar la comprensión de la IA es el uso de delimitadores.

Estos actúan como marcadores o etiquetas que dividen la información en partes bien definidas, lo que facilita que el modelo interprete correctamente la solicitud y proporcione una respuesta alineada con las necesidades del usuario.

¿Qué son los delimitadores?

Los delimitadores funcionan como separadores dentro de un mensaje; esto ayuda a la IA a distinguir entre diferentes secciones de la solicitud. Son equivalentes a los títulos en un documento extenso o los encabezados en un correo estructurado.

Cuando se usan delimitadores, la IA puede procesar la información de manera más estructurada y evitar interpretaciones erróneas. Esto es particularmente útil en prompts complejos o cuando se requiere una respuesta detallada sobre distintos aspectos de un tema.

Construcción con etiquetas

Una de las formas más eficientes de utilizar delimitadores es mediante etiquetas XML, que permiten organizar la información en segmentos claramente identificables.

Estas etiquetas actúan como señales visuales que guían a la IA en la interpretación del mensaje.

Ejemplo de estructura con etiquetas XML

Si se necesita asistencia técnica para un problema con un dispositivo, el mensaje puede estructurarse de la siguiente manera:

<contexto>

Tengo un smartphone modelo ABC que he estado usando durante dos años.

</contexto>

<problema>

El dispositivo está empezando a calentarse mucho cuando utilizo aplicaciones de vídeo.

</problema>

<objetivo>

Quiero saber si hay una forma de reducir esta sobrecarga de calor para evitar daños futuros.

</objetivo>

Esta organización permite que la IA identifique claramente cada parte de la solicitud y genere una respuesta más precisa y útil.

Etiquetas anidadas para mayor claridad

En algunos casos, puede ser necesario proporcionar detalles dentro de una misma sección. Para ello, se pueden anidar etiquetas que permitirán que la información se mantenga organizada y fácil de interpretar.

Ejemplo de etiquetas anidadas:

Si un usuario está desarrollando un proyecto y quiere optimizar su código, podría estructurar su mensaje así:

<contexto>

<proyecto_actual>

Estoy desarrollando una aplicación de gestión de inventarios.

</proyecto_actual>

<tecnologías_usadas>

Utilizando Python y Django para el backend, con una base de datos PostgreSQL.

</tecnologías_usadas>

</contexto>

<problema>

La consulta de productos en la base de datos tarda demasiado en ejecutarse.

</problema>

<objetivo>

Necesito optimizar el rendimiento de las consultas sin modificar la arquitectura general del sistema.

</objetivo>

Con este método, la IA puede comprender mejor la relación entre cada parte del mensaje y ofrecer soluciones más específicas.

Más opciones de delimitadores

Además de las etiquetas XML, existen otros delimitadores que pueden usarse para organizar la información dentro de un prompt.

1. Hashtags (#)

Los hashtags pueden ayudar a resaltar conceptos claves o marcar secciones dentro de una solicitud.

Ejemplo:

#Contexto: Mi negocio es una tienda en línea de productos ecológicos.

#Problema: Necesito aumentar el tráfico orgánico sin depender de publicidad pagada.

#Objetivo: Buscar estrategias de SEO efectivas para atraer clientes.

2. Mayúsculas

Las palabras en mayúsculas pueden utilizarse para enfatizar aspectos importantes dentro del prompt.

Ejemplo:

Es esencial INCLUIR ejemplos de campañas exitosas en la propuesta.

3. Corchetes cuadrados [ ]

Los corchetes pueden indicar información que debe personalizarse o especificada antes de ejecutar el prompt.

Ejemplo:

Genera una descripción de producto para [nombre del producto] en la que destaques sus beneficios principales.

4. Llaves { }

Las llaves pueden emplearse para definir opciones opcionales dentro de un prompt.

Ejemplo:

Redacta un informe sobre el impacto del cambio climático. {Incluye un apartado con soluciones sostenibles.}

5. Paréntesis ()

Los paréntesis sirven para agregar explicaciones adicionales o aclaraciones dentro del prompt.

Ejemplo:

Describe la historia del arte en Europa (enfócate en los movimientos renacentista y barroco).

6. Pipes (|)

Los pipes (barras verticales) pueden usarse para ofrecer alternativas dentro de una misma solicitud.

Ejemplo:

Los resultados deben incluir información sobre [energía solar | energía eólica | energía hidroeléctrica].

Consejos prácticos para el uso efectivo de delimitadores

- **Claridad:** Los delimitadores deben ayudar a estructurar el mensaje sin hacerlo innecesariamente complicado.
- **Consistencia:** Si se usa un formato, es recomendable mantenerlo en toda la interacción para facilitar la comprensión.
- **Evitar la sobresaturación:** Usar demasiados delimitadores en un mismo prompt puede hacer que el mensaje sea difícil de interpretar.

El uso estratégico de delimitadores permite estructurar mejor la información y facilita que la IA genere respuestas más precisas y alineadas con la intención del usuario.

Una vez dominada esta técnica, es posible optimizar aún más la interacción aplicando estructuras de prompts probadas, que exploraremos en el siguiente capítulo.

Por qué y cómo resumir conversaciones largas

Cuando se interactúa con modelos de lenguaje, es común que las conversaciones se alarguen a medida que se profundiza en un tema. Si bien esto permite explorar múltiples aspectos y detalles, también puede dificultar la consulta de información clave o la continuidad de la interacción.

La capacidad del modelo para recordar detalles dentro de una conversación está limitada por la ventana de contexto, es decir, la cantidad de mensajes y tokens que puede procesar antes de que la información más antigua se pierda. Por ello, resumir periódicamente el contenido es una estrategia efectiva para mantener la coherencia y optimizar la interacción.

Cómo resumir conversaciones de manera efectiva

Para obtener un resumen claro y útil de una conversación larga, es fundamental utilizar un prompt bien estructurado que permita a la IA condensar la información sin omitir detalles importantes.

Un prompt probado y validado para este propósito es el siguiente:

Prompt para resumir chats largos

A lo largo de esta conversación, hemos abordado diversos temas de manera extensa. Quiero que elabores un resumen detallado y bien desarrollado; destaca los puntos claves, los conceptos más relevantes y cualquier información valiosa que se haya discutido. Asegúrate de incluir:

- los temas principales tratados, con una descripción clara de cada uno;
- los detalles importantes o ideas claves expresadas en la conversación;
- cualquier conclusión relevante o acuerdos alcanzados;
- si hay información secuencial, organízala de manera estructurada para mantener coherencia;
- si se han dado recomendaciones o estrategias, inclúyelas de manera bien explicada;
- evita redundancias y prioriza la claridad y precisión en el resumen.

El objetivo es obtener un resumen completo, bien estructurado y fácil de entender, que permita a cualquier persona comprender el contenido esencial del chat sin necesidad de leerlo todo.

Por favor, genera el resumen con párrafos bien organizados y usa subtítulos si es necesario para mayor claridad.

Cuándo y por qué usar un resumen en una conversación con IA

El resumen de una conversación puede ser útil en múltiples situaciones:

- Cuando la conversación ha sido extensa y se necesita consolidar la información en un solo mensaje para consulta rápida.
- Cuando se desea evitar la pérdida de detalles claves debido a la limitación de la ventana de contexto.
- Cuando se necesita compartir la información con otra persona sin enviarla completa.
- Cuando se quiere retomar una conversación después de un tiempo sin releer todo el historial.

Consejos para mejorar los resúmenes:

- **Solicitar resúmenes periódicos en conversaciones largas** para evitar que la información importante se pierda con el tiempo.
- **Pedir que el resumen se estructure con subtítulos** cuando se han tratado múltiples temas, lo que facilita su consulta.
- **Revisar el resumen generado antes de continuar** para asegurarse de que los detalles claves están incluidos y no se ha omitido información relevante.

Si la conversación es altamente técnica o detallada, pedir que la IA agrupe la información en categorías para mejorar la claridad.

La optimización de la interacción con modelos de lenguaje no solo depende de cómo se formulen las preguntas, sino también de cómo se gestione la información obtenida.

Utilizar resúmenes de manera estratégica permite maximizar la eficiencia en conversaciones extensas y garantiza que los detalles esenciales permanezcan accesibles.

Creación de plantillas de prompts reutilizables

El uso de plantillas de prompts reutilizables es una estrategia fundamental para optimizar la eficiencia en flujos de trabajo con inteligencia artificial.

Al estructurar instrucciones predefinidas que pueden adaptarse a distintas situaciones, se logra generar respuestas más consistentes, reducir el tiempo de formulación de preguntas y estandarizar procesos repetitivos en áreas como redacción de contenido, servicio al cliente, programación y análisis de datos.

En este apartado, te mostraré cómo diseñar plantillas de prompts efectivas, cómo adaptarlas a diferentes necesidades y presentaremos ejemplos prácticos que pueden aplicarse en diversos contextos.

¿Qué es una plantilla de prompt reutilizable?

Una plantilla de prompt es un formato predefinido que estructura una solicitud de manera clara y efectiva y deja espacios para personalizar detalles según la tarea específica.

En lugar de redactar un nuevo prompt desde cero cada vez que se necesite realizar una tarea, se utiliza una plantilla que puede ajustarse rápidamente con datos específicos; esto mejora la precisión y reduce errores en la generación de respuestas.

Las plantillas de prompts son especialmente útiles porque:

✔ **Mantienen la coherencia y la calidad en las respuestas** al seguir una estructura clara.

✔ **Reducen el tiempo de formulación de preguntas**, lo que permite reutilizar instrucciones sin necesidad de repensarlas en cada interacción.

✔ **Facilitan la automatización de tareas recurrentes**: se elimina así la necesidad de escribir manualmente cada solicitud.

✔ **Permiten la adaptación a diferentes modelos de IA** sin necesidad de rediseñar completamente los prompts.

En esencia, una plantilla de prompt actúa como una guía estructurada que se puede modificar según el contexto de uso, lo que asegura que las respuestas sean más alineadas con las necesidades del usuario.

Cómo diseñar una plantilla de prompt efectiva

Para que una plantilla de prompt sea realmente útil y flexible, debe incluir los siguientes elementos claves:

1. Contexto

El contexto es fundamental para que la IA comprenda la tarea dentro de un marco específico. Cuanta más información relevante se proporcione, más precisa será la respuesta.

Ejemplo de un prompt sin contexto:

✕ «Escribe un artículo sobre productividad».

Problema: La inteligencia artificial podría interpretar el tema de muchas maneras y generar contenido sobre productividad personal, en el trabajo, en estudios académicos, o incluso sobre metodologías específicas, sin enfocarse en lo que realmente se necesita.

Ejemplo de prompt con contexto:

✔ «Escribe un artículo dirigido a emprendedores sobre cómo mejorar la productividad en el trabajo remoto. Incluye estrategias prácticas, herramientas digitales recomendadas y consejos basados en estudios recientes».

- Se ha definido el público objetivo (emprendedores).
- Se ha delimitado el enfoque (productividad en el trabajo remoto).
- Se han especificado los puntos claves que debe abordar la IA.

Una plantilla efectiva debe incluir una sección donde se pueda ajustar el contexto según el caso de uso.

2. Instrucción principal

Especificar claramente la acción que la IA debe realizar es esencial para obtener respuestas alineadas con la intención del usuario.

Ejemplo de instrucción poco clara:

✘ «Escribe sobre inteligencia artificial».

Problema: La IA podría escribir sobre historia, aplicaciones, riesgos, modelos de aprendizaje automático, entre muchos otros temas, sin enfocarse en lo que realmente se necesita.

Ejemplo de instrucción clara:

✔ «Explica qué es la inteligencia artificial y sus aplicaciones en la industria de la salud. Incluye ejemplos concretos y tendencias actuales».

- Se ha delimitado el tema a un sector específico (salud).
- Se han solicitado ejemplos y tendencias para mejorar la profundidad de la respuesta.

En una plantilla reutilizable, la instrucción debe estar claramente formulada y con espacios personalizables para adaptar la solicitud sin perder precisión.

3. Formato de salida

Definir el formato en el que se espera la respuesta mejora significativamente la claridad y utilidad del contenido generado.

Ejemplo sin formato definido:

✕ «Dame información sobre ciberseguridad».

Problema: La IA puede generar un texto continuo sin estructura, lo que dificulta su lectura y aplicación.

Ejemplo con formato definido:

✔ «Enumera cinco buenas prácticas de ciberseguridad en formato de lista, con una breve explicación de cada una».

- Se ha indicado el formato de salida (lista).
- Se ha especificado la cantidad de elementos (cinco).
- Se ha solicitado que cada punto tenga una explicación breve.

Dependiendo del caso de uso, se puede solicitar un formato en tabla, un código estructurado, un resumen con subtítulos o cualquier otra estructura que haga que la respuesta sea más fácil de procesar.

4. Ejemplo opcional

En algunos casos, incluir un ejemplo en el prompt puede mejorar la precisión de la respuesta, ya que proporciona un modelo sobre la estructura y el nivel de detalle esperado.

Ejemplo de prompt sin referencia:

✕ «Resume el libro El arte de la guerra».

Problema: La IA podría generar un resumen demasiado largo o centrarse en puntos irrelevantes.

Ejemplo con referencia:

✔ «Resume el libro El arte de la guerra en un formato similar al siguiente:

1. Introducción: Explica brevemente el propósito del libro.
2. Principales enseñanzas: Resume las ideas claves en párrafos concisos.
3. Aplicaciones modernas: Explica cómo se pueden aplicar estas estrategias en el mundo empresarial».

Como ves,

- se ha proporcionado una estructura clara a seguir;
- se han delimitado las secciones del resumen;
- se ha dado un marco de referencia para evitar respuestas demasiado amplias o desorganizadas.

5. Espacios personalizables

Una plantilla efectiva debe ser adaptable a diferentes contextos sin perder su estructura base. Para lograr esto, se pueden incluir variables que permitan modificar partes claves del prompt sin tener que reescribir completamente.

Ejemplo de plantilla genérica para resúmenes:

«Resume el libro [nombre del libro] en un formato estructurado con los siguientes apartados:

- Introducción: breve contexto sobre el autor y la obra.
- Ideas principales: explica los conceptos claves en párrafos concisos.
- Aplicaciones prácticas: describe cómo se pueden aplicar estos conceptos en [ámbito específico].
- Conclusión: Reflexión final sobre la relevancia del libro en la actualidad».

Esta plantilla puede usarse para cualquier libro, simplemente hay que reemplazar los espacios entre corchetes con información específica.

Ejemplos de aplicación de una plantilla en distintos escenarios

A continuación, te muestro tres ejemplos de plantillas para distintos casos de uso.

1. Plantilla de prompt: Metáforas para explicar conceptos

Las metáforas son una técnica efectiva para explicar ideas complejas de una manera clara.

Al conectar un concepto difícil con una experiencia cotidiana, se facilita su comprensión y se mejora la retención del mensaje.

Esta plantilla permite generar tres metáforas diferentes para un mismo concepto, adaptadas a una audiencia específica.

Al definir claramente el tema y el público objetivo, se obtienen metáforas relevantes que resuenan con quienes las leen o escuchan.

Instrucciones de la plantilla

Objetivo: Desarrollar metáforas claras que traduzcan ideas complejas en conceptos fáciles de entender, adaptados a la audiencia y contexto específicos.

Formato de salida: La IA generará tres metáforas diferentes, y se asegurará de que sean:

- Relacionadas con objetos o experiencias cotidianas.
- Vivas y visuales, fáciles de imaginar.
- Claramente explicadas, lo que mostrará la conexión con el concepto original.

- Simples y accesibles, con un nivel de legibilidad equivalente a 6.º de primaria o inferior.
- Impactantes, que dejan una conclusión clara que genere un momento «¡ajá!».

Plantilla de prompt

Eres un experto en crear metáforas simples y fáciles de entender para explicar ideas complejas. Tu tarea es generar tres metáforas diferentes para un concepto específico, adaptadas a una audiencia determinada.

<Entrada>

Concepto: [Inserta cualquier idea o concepto]

Audiencia objetivo: [Inserta tu audiencia objetivo]

</Entrada>

<Salida> Proporciona tres metáforas diferentes que expliquen el concepto dado.

a) Utiliza objetos o experiencias cotidianas. Ejemplo: «El tiempo es dinero».

b) Asegúrate de que la metáfora sea vívida y fácil de visualizar. Ejemplo: «Tu cerebro es un jardín».

c) Explica cómo la metáfora se relaciona con el concepto original. Ejemplo: «Así como el dinero se puede gastar o invertir, el tiempo se puede desperdiciar o usar productivamente».

d) Usa un lenguaje simple. Apunta a una legibilidad equivalente a 6.º de primaria o inferior.

e) Proporciona una conclusión clara o un momento «¡ajá!» en una sola oración.

Recuerda: la metáfora debe ser relevante y fácil de entender para la audiencia objetivo.

</Salida>

Ejemplo de uso de la plantilla:

Entrada:

- **Concepto:** Inteligencia artificial.
- **Audiencia objetivo:** Estudiantes de secundaria.

Salida:

Primera metáfora (cotidiana):

«La inteligencia artificial es como un asistente personal digital, como Siri o Alexa. Está ahí para responder preguntas, hacer recomendaciones y ayudarte a completar tareas, pero solo puede hacer lo que ha aprendido».

Segunda metáfora (vívida y fácil de visualizar):

«Piensa en la inteligencia artificial como un chef en un restaurante. No inventa nuevas recetas por sí sola, pero puede preparar cualquier plato basándose en los ingredientes y recetas que conoce».

Tercera metáfora (explicación y conexión):

«Así como un chef necesita probar muchas recetas para perfeccionar su técnica, la inteligencia artificial necesita entrenarse con grandes cantidades de datos antes de poder hacer predicciones precisas».

2. Plantilla de prompt: Creación de asuntos de email que despiertan curiosidad

Los correos electrónicos son una pieza de comunicación y marketing altamente efectiva, pero solo si logran captar la atención del destinatario desde el primer instante.

En bandejas de entrada saturadas de mensajes promocionales, la línea de asunto es el primer y, muchas veces, el único factor que decide si un correo será abierto o ignorado.

Esta plantilla permite generar asuntos de email impactantes, diseñados para despertar curiosidad, motivar la apertura y maximizar la tasa de conversión.

Instrucciones de la plantilla

Objetivo:

Crear líneas de asunto irresistibles para correos electrónicos de marketing; para ello combinará creatividad, psicología de consumo y copywriting persuasivo.

Formato de salida:

La IA generará tres líneas de asunto para cada uno de los cuatro ganchos psicológicos de conversión.

- Cada línea de asunto incluirá un subtexto estratégico que refuerce la propuesta de valor del mensaje.
- Los asuntos serán breves, intrigantes y específicos (máximo quince palabras).
- Se utilizarán técnicas de curiosidad, exclusividad, urgencia y beneficio inmediato.

Plantilla de prompt

Asume el rol de un experto del copywriting enfocado en marketing por correo electrónico. Tu desafío es cautivar a mi público objetivo desde el primer vistazo. Necesitamos que combines creatividad, psicología de consumo y una pizca de misterio para crear una línea de asunto que haga imposible resistirse a abrir el correo. Eres un estratega creativo y especialista en redacción persuasiva, con un enfoque profundo en la psicología de consumo, técnicas de copywriting y marketing emocional. Tu objetivo es crear líneas de asunto irresistibles y subtextos estratégicos para un correo electrónico, para ello debes combinar creatividad, análisis del público objetivo y una pizca de misterio. Estas líneas deben destacar en bandejas de entrada saturadas y motivar al lector a abrir el correo de inmediato.

Acción que realizar: Escribe tres líneas de asunto y subtextos para cada uno de los cuatro ganchos.

Estos son los cuatro ganchos:

- Proporcionar un valor significativo en poco tiempo.
- Ofrecer un gran valor a cambio de un costo mínimo.
- Mostrar cómo resolver un problema común sin esfuerzo.
- Revelar el secreto para desbloquear un resultado muy deseado, instantáneamente.

Para cada línea de asunto, selecciona un «susurro» o un subtexto que fortalezca el mensaje; elige para ello entre frases que inspiren confianza, eliminen obstáculos, resalten un beneficio adicional, o anticipen un resultado positivo.

Asegúrate de que cada línea de asunto sea breve (máximo quince palabras), se lea de manera natural (usa mayúsculas solo al principio de una frase), intrigue al lector, incluya números y sea extremadamente específica.

Aquí tienes un ejemplo de cómo espero que sea cada conjunto de asunto y subtexto: Asunto: «En solo 5 min: Evita los 3 errores más comunes en emails». Subtexto: «Y comienza a ver mayores conversiones sin esfuerzo extra».

Formato: Lista organizada por ganchos con tres líneas de asunto y sus respectivos subtextos para cada gancho. Estilo: Persuasivo, creativo, específico y enfocado en resultados. Tono: Intrigante, empático y convincente, adecuado para conectar emocionalmente con la audiencia.

El contexto para esta tarea es:

Tema principal del correo electrónico = [Especificar el tema].

Audiencia objetivo = [Describe la audiencia objetivo].

Contenido u oferta que estamos comunicando = [Breve descripción del contenido o la oferta].

Intereses o necesidades específicos de la audiencia = [Detalla qué valora o busca tu audiencia].

Información adicional = [Información adicional].

Ejemplo de uso de la plantilla:

Entrada:

- **Tema principal del correo electrónico:** Estrategias de email marketing efectivas.
- **Audiencia objetivo:** Dueños de negocios y marketers que buscan mejorar sus tasas de apertura.
- **Contenido u oferta comunicada:** Guía gratuita sobre cómo escribir mejores asuntos de email.
- **Intereses o necesidades específicos de la audiencia:** Aumentar la tasa de apertura, mejorar conversiones, evitar que sus correos terminen en spam.
- **Información adicional:** Se incluirá un bonus descargable para los primeros en abrir el correo.

Salida:

Gancho: Proporcionar un valor significativo en poco tiempo.

Asunto: «En solo 5 minutos: 3 trucos para duplicar tu tasa de apertura».

— **Subtexto:** «Correos que capturan la atención desde el primer instante».

Asunto: «La fórmula rápida para escribir asuntos que sí funcionan».

— **Subtexto:** «Utilizada por los mejores marketers del mundo».

Asunto: «Este simple ajuste puede aumentar tus aperturas un 50 %».

— **Subtexto:** «Un cambio pequeño con un impacto enorme».

Esta plantilla convierte la escritura de líneas de asunto en un proceso optimizado y efectivo, lo que asegura que cada correo tenga el mayor impacto posible.

Plantilla de prompt: Biografías para redes sociales

En el mundo digital, la primera impresión es clave. Una biografía bien escrita en redes sociales marca la diferencia entre captar la atención de la audiencia o pasar desapercibido.

Ya sea en Instagram, Twitter, LinkedIn u otras plataformas, una bio efectiva debe ser concisa, atractiva y reflejar la esencia de quien la escribe.

Esta plantilla permite generar cinco versiones de biografías personalizadas con base en principios de redacción persuasiva y claridad estructural.

Instrucciones de la plantilla

Objetivo: Crear cinco biografías únicas para un perfil de redes sociales, adaptadas a la identidad del usuario y optimizadas para generar impacto con solo tres frases.

Formato de salida:

- Las tres primeras biografías siguen un formato de tres oraciones concisas que responden:
  - ¿Quién soy? (identidad, experiencia o intereses).
  - ¿Qué he logrado? (logros claves o diferenciadores).
  - ¿Qué puedo hacer por ti? (propuesta de valor o impacto en la audiencia).
- Las dos últimas biografías pueden alejarse del formato de tres frases para incorporar un estilo más creativo que sigue ejemplos de biografías inspiradoras.
- Se usará un lenguaje claro y conciso, es decir, evitará términos exagerados o frases excesivamente promocionales.

Plantilla de prompt

Actúa como si fueras un experto en redacción creativa y personalización de biografías para plataformas digitales.

Tu tarea es generar cinco biografías únicas, que puedan utilizarse para un perfil de redes sociales (Instagram, Twitter o LinkedIn), basándote en la información proporcionada por el usuario y en los ejemplos de biografías de otros creadores que les gustan.

Pautas para generar las biografías:

1. Usa un lenguaje simple y conciso. Evita palabras exageradas como «revolucionario» o «impulsar al máximo».
2. Cada biografía debe consistir en tres oraciones muy sucintas que respondan las siguientes preguntas:
   - ¿Quién soy? (identificador personal, experiencia, intereses)
   - ¿Qué he logrado? (logros)
   - ¿Qué puedo hacer por ti? (propuesta de valor)
3. Para las primeras tres biografías, sigue estrictamente el formato de tres oraciones.
4. Para las biografías 4 y 5, puedes alejarte del formato estricto de tres oraciones y acercarte más al estilo de las biografías de ejemplo proporcionadas, pero incorpora siempre la información clave del usuario.

Recuerda que el objetivo es crear biografías atractivas y concisas que capturen la propuesta de valor y los logros únicos del usuario sin ser excesivamente promocionales.

Usa la información proporcionada por el usuario y los ejemplos como guía para tus sugerencias. No uses etiquetas XML en tu respuesta; simplemente utiliza encabezados y markdown.

Información proporcionada por el usuario y ejemplos de biografías de otros creadores que les gustan:

Perfil del usuario = [Describe quién eres, tu experiencia y tus intereses].

Logros del usuario = [Describe tus logros].

Propuesta de valor = [Describe tu propuesta de valor].

Ejemplo de uso de la plantilla:

Entrada:

- **Perfil del usuario:** Experto en marketing digital con diez años de experiencia ayudando a marcas a crecer en redes sociales. Apasionado por la creatividad y el análisis de datos.
- **Logros del usuario:** Ha trabajado con más de cincuenta empresas, ha sido speaker en eventos internacionales y ha creado estrategias que han aumentado la conversión en un 300 %.
- **Propuesta de valor:** Enseñar estrategias prácticas y efectivas para que negocios y creadores de contenido maximicen su impacto en redes.
- **Ejemplos de biografías que le gustan:** Breves, persuasivas y con una combinación de credibilidad y cercanía.
- **Plataforma para la que se crearán las biografías:** Instagram y LinkedIn.
- **Estilo preferido:** Profesional pero accesible.

Salida:

Biografía 1 (Concisa y directa)

Estratega en marketing digital con más de 10 años de experiencia. He ayudado a 50+ empresas a triplicar su conversión en redes. Enseño estrategias prácticas para hacer crecer tu marca online.

Biografía 2 (Persuasiva y con impacto)

Transformo marcas con estrategias de marketing digital que funcionan. Speaker internacional y mentor de negocios en redes sociales. Convierto seguidores en clientes con métodos probados.

Biografía 3 (Enfocada en credibilidad)

Estratega digital y consultor en crecimiento de marcas. He trabajado con empresas líderes en redes sociales y e-commerce. Mi misión: hacer que cada publicación cuente y convierta.

Biografía 4 (Creativa y libre)

No necesitas millones de seguidores, solo la estrategia correcta. Después de diez años en marketing digital, sé qué funciona y qué no. Hago que las marcas cuenten historias que venden.

Biografía 5 (Más relajada y con un toque personal)

Expublicista, actual adicto a los datos y la creatividad digital. Si tu estrategia en redes no funciona, es porque aún no hablamos. ¿Tomamos un café y lo arreglamos?

Esta plantilla optimiza la creación de biografías impactantes para redes sociales, lo que asegura que cada perfil refleje autenticidad, valor y propósito de manera efectiva.

Las plantillas de prompts reutilizables sirven para optimizar el uso de inteligencia artificial en distintos ámbitos.

Al estructurar las solicitudes de manera clara y adaptable, se mejora la calidad de las respuestas, se reduce el tiempo de formulación y se facilita la automatización de procesos repetitivos.

Aplicar esta estrategia permitirá maximizar la eficiencia de la IA y mejorar la coherencia de los resultados en cualquier flujo de trabajo.

Zero-shot, one-shot y few-shot prompting

Al interactuar con un modelo de lenguaje, el número de ejemplos que proporcionas en tu prompt influye significativamente en la calidad de la respuesta.

Esta técnica es útil para adaptar el nivel de guía que ofreces al modelo, lo que marca la diferencia entre una respuesta genérica y una altamente precisa.

Zero-shot prompting

Este enfoque consiste en realizar una solicitud sin proporcionar ningún ejemplo.

El modelo utiliza su conocimiento general y contexto previo para generar una respuesta, lo que es ideal cuando deseas ahorrar tiempo o cuando el tema es ampliamente conocido.

Ejemplo:

Prompt: «Escribe un tuit motivacional para emprendedores».

La inteligencia artificial generará un tuit basado en su entrenamiento general, pero sin referencias directas de lo que tú consideras un buen tuit motivacional. Aunque este método puede ser rápido, el resultado a veces puede ser demasiado amplio o poco específico.

- **Ventajas:** Ahorra tiempo, útil para temas comunes.
- **Desventajas:** Puede generar respuestas genéricas o poco personalizadas.

One-shot prompting

Aquí proporcionas un único ejemplo que sirve como modelo para la IA. Este ejemplo ayuda a establecer un tono, estilo o formato específico.

Ejemplo:

Prompt: «Escribe un tuit motivacional para emprendedores. Ejemplo: "Cada obstáculo es una oportunidad disfrazada. Sigue adelante"».

El modelo seguirá la referencia dada, y eso aumenta la probabilidad de que la respuesta final cumpla con tus expectativas.

Cuándo usarlo: Ideal para tareas donde se busca mantener un estilo definido con un solo punto de referencia.

Few-shot prompting

Esta técnica usa varios ejemplos para proporcionar al modelo una serie de referencias, lo que le ayuda a identificar patrones de estilo, estructura y contenido.

Ejemplo:

Prompt: «Escribe un tuit motivacional para emprendedores. Ejemplos:

- "Fracasar no es el final, es una lección hacia el éxito".
- "Empieza con lo que tienes, haz lo mejor que puedas y nunca pares".
- "La disciplina vence al talento cuando el talento no se disciplina". Ahora crea un nuevo tuit siguiendo este estilo».

Por qué es efectivo: Cuantos más ejemplos proporciones, más fácil será para la inteligencia artificial replicar el estilo deseado. Esta técnica es especialmente útil en tareas creativas como redacción, donde mantener una voz coherente es esencial.

¿Por qué usar estas técnicas?

- **Zero-shot:** Ideal para temas bien conocidos o cuando deseas probar la creatividad del modelo sin influencias.

- **One-shot:** Perfecto cuando quieres establecer un punto de referencia rápido y claro.
- **Few-shot:** Imprescindible para mantener consistencia en estilo, tono y formato.

Consejo práctico: Usa few-shot prompting cuando busques resultados detallados y consistentes, one-shot para guiar sin saturar y zero-shot para obtener ideas iniciales o explorar respuestas inesperadas.

Incluir ejemplos dentro de tus prompts optimiza la calidad de las respuestas y asegura una mayor coherencia, especialmente al combinar esta técnica con plantillas reutilizables, lo que transforma tus interacciones con la IA en procesos eficientes y bien estructurados.

Checkpoint: Lo que aprendimos

✔ **Los delimitadores mejoran la claridad del prompt**: Usar elementos como «««, <>, [] o etiquetas estructuradas ayuda a la IA a entender mejor qué información debe procesar y cómo organizar su respuesta.

✔ **Las etiquetas organizan la información y mejoran la precisión**: Estructurar prompts con secciones bien definidas (por ejemplo, <Rol>, <Tarea>, <Ejemplo>) permite obtener respuestas más coherentes y completas.

✔ **Resumir conversaciones largas es una estrategia clave**: Cuando una interacción con la IA se extiende demasiado, resumir los puntos claves antes de seguir evita pérdida de contexto y mantiene la conversación enfocada.

✔ **Las plantillas de prompts reutilizables ahorran tiempo y mejoran la consistencia**: En lugar de escribir un nuevo prompt desde cero cada vez, tener estructuras predefinidas optimiza el proceso y garantiza mejores resultados en distintos escenarios.

✔ **Zero-shot, one-shot y few-shot prompting optimizan la precisión de las respuestas:** Adaptar el número de ejemplos en tus prompts (ninguno, uno o varios) te permite ajustar la calidad y el enfoque de las respuestas según el contexto y la complejidad de la tarea.

Próximo nivel

Ahora que dominas las técnicas avanzadas de prompting, es momento de explorar el futuro: prompts adaptativos y evolutivos. En el siguiente capítulo, descubrirás cómo crear prompts que se ajustan dinámicamente a la conversación, lo que mejora la interacción y la personalización de las respuestas.

Capítulo 6. Prompting evolutivo y adaptativo

El futuro del prompting es adaptativo

Imagina que tienes acceso a la mente más brillante del mundo. No importa el campo del conocimiento: negocios, creatividad, ciencia, historia, tecnología... Tienes a tu disposición una fuente de conocimiento inagotable, lista para responder a cualquier pregunta que hagas.

Pero hay un detalle.

Esta mente prodigiosa no sabe exactamente lo que quieres. Solo interpreta tus palabras y te da la mejor respuesta que puede encontrar en ese momento. A veces acierta, otras veces se queda corta, y en muchas ocasiones, podrías obtener algo mucho mejor si simplemente supieras cómo guiarla.

Bienvenido al siguiente nivel del prompting.

Si has llegado hasta aquí, ya dominas la base del prompting: sabes cómo estructurar una buena instrucción, evitar errores comunes y aplicar estrategias avanzadas para obtener respuestas más precisas y útiles. Pero ahora toca dar un paso más. Porque el futuro del prompting no es estático, sino adaptativo.

Piensa en cómo interactuamos con otras personas cuando buscamos información o consejos. No hacemos una única pregunta esperando una respuesta perfecta al primer intento. Refinamos la conversación, hacemos aclaraciones, pedimos más detalles o replanteamos nuestras dudas en función de lo que nos dicen. ¿Por qué no aplicar la misma lógica cuando interactuamos con la IA?

Aquí es donde entra en juego el prompting evolutivo y adaptativo: una técnica avanzada que te permite dirigir la conversación con la IA para mejorar sus respuestas en tiempo real. En lugar de conformarte con la primera respuesta que obtienes, puedes guiarla a través de iteraciones estratégicas que le ayuden a:

✔ **Desglosar problemas complejos en pasos lógicos** (chain-of-thought prompting).

✔ **Evaluar y mejorar sus propias respuestas** antes de entregarlas (self-reflection prompts).

✔ **Sugerir mejoras en el propio prompt** para optimizar la interacción (meta-prompting).

✔ **Analizar las consecuencias o implicaciones de una respuesta** (second-order prompting).

Este enfoque no solo mejora la calidad de las respuestas, sino que te convierte en un estratega del prompting, alguien que no solo pregunta, sino que dirige y optimiza la conversación con la IA para obtener la mejor información posible.

En este capítulo, aprenderás a transformar un simple prompt en un flujo conversacional inteligente. Descubrirás técnicas que ya utilizan los expertos en inteligencia artificial aplicada, generación de contenido, análisis de datos y automatización de procesos. Y lo mejor de todo: podrás implementarlas desde hoy mismo en cualquier interacción con un modelo de lenguaje.

Porque el secreto del prompting no es solo saber qué preguntar, sino entender cómo llevar a la IA a través de un proceso de mejora continua.

¿Listo para dominar la técnica del prompting? Vamos allá.

De los prompts estáticos a los prompts dinámicos

Hasta ahora, la mayoría de las interacciones con la IA han seguido un patrón simple: haces una pregunta, obtienes una respuesta. Si la respuesta no es lo que esperabas, simplemente reformulas el prompt e intentas de nuevo.

Pero ¿y si te dijera que hay una manera mucho más eficiente de trabajar con la IA?

En lugar de depender de un solo prompt y esperar la respuesta perfecta desde el primer intento, podemos diseñar flujos conversacionales adaptativos, donde la IA aprende a mejorar su propia respuesta en tiempo real.

Esta es la diferencia entre un prompt estático y un prompt dinámico.

El problema con los prompts estáticos

Los prompts estáticos tienen un gran problema: son de una sola vía. Planteas una pregunta y la IA genera una respuesta, pero no hay un mecanismo automático para ajustar, corregir o mejorar esa respuesta dentro del mismo flujo de interacción.

Ejemplo de un prompt estático: «Explícame qué es la creatividad».

Posible problema:

- La IA puede dar una definición demasiado técnica o superficial.
- La respuesta puede no ajustarse al nivel de conocimiento del lector.
- Falta personalización o contexto.

Si la respuesta no es la esperada, el usuario tiene que volver a empezar con otro prompt; como resultado, pierde tiempo y oportunidades de refinamiento.

La solución: prompts dinámicos y adaptativos

Los prompts dinámicos funcionan como una conversación en evolución. En lugar de esperar que la IA acierte a la primera, la guías a través de una serie de iteraciones estratégicas, le das así la oportunidad de pensar en pasos, corregirse y optimizar su salida.

Ejemplo de un prompt dinámico:

1. «Explícame qué es la creatividad en términos simples».
2. «Ahora desarrolla esa misma explicación con más profundidad técnica».
3. «Haz que esta definición sea más atractiva con una analogía».
4. «Dame un ejemplo práctico de creatividad aplicada en negocios».

Ventajas del enfoque dinámico:

✔ La IA no solo responde, sino que refina sus ideas en función de tu feedback.

✔ Puedes ajustar el nivel de detalle de la respuesta sin reformular el prompt desde cero.

✔ Se obtiene una respuesta más precisa, rica y útil.

Esta estrategia es especialmente útil en situaciones donde la primera respuesta de la IA no es suficiente, pero puede mejorarse progresivamente con pequeños ajustes.

La clave del prompting evolutivo

Interactuar con la IA de forma dinámica no solo mejora la calidad de la información que obtienes, sino que cambia completamente la forma en que trabajas con modelos de lenguaje.

En lugar de ver cada respuesta como un resultado final, empiezas a verla como una primera versión en proceso de optimización.

Piensa en la IA como un escritor junior en tu equipo:

- Primero te entrega un borrador inicial.
- Luego, le das feedback y pides mejoras.
- Refinas el contenido hasta obtener la versión ideal.

Así es como funciona el prompting evolutivo:

1. **Primer intento:** La IA genera una primera respuesta.
2. **Iteración:** Pides que refine o explique mejor un punto específico.
3. **Optimización:** Solicitas ajustes, mayor profundidad o ejemplos prácticos.
4. **Validación final:** Obtienes un resultado optimizado en función de todo el proceso.

Este enfoque es el que marca la diferencia entre un usuario casual de IA y un usuario que domina el prompting.

En los siguientes apartados, te mostraré técnicas específicas para aplicar esta metodología con precisión. ¿Listo para dominar las estrategias avanzadas del prompting dinámico?

¿En qué se diferencian las secuencias de prompts y los prompts adaptativos?

Si ya has leído el capítulo sobre secuencias de prompts, es posible que te preguntes: ¿No es esto lo mismo?

La respuesta es no. Aunque ambos enfoques pueden parecer similares, tienen objetivos distintos y se utilizan en contextos diferentes.

Secuencias de prompts vs. prompts adaptativos

Existen dos métodos principales para estructurar la interacción con la IA: secuencias de prompts y prompts adaptativos, cada uno con un propósito específico.

Las secuencias de prompts están diseñadas para dividir una tarea en pasos; esto permite que cada respuesta sirva como base para la siguiente, por lo que así se construye un flujo estructurado.

Este método es útil cuando se necesita crear un artículo por partes, diseñar estrategias en fases o desarrollar cualquier tarea que requiera múltiples pasos interconectados.

Por otro lado, los prompts adaptativos tienen como objetivo refinar la calidad de una respuesta en tiempo real. En lugar de generar información nueva en cada interacción, este método parte de una respuesta inicial y la optimiza iterativamente, lo que hace que la IA analice, corrija y mejore su propia salida.

Se usa cuando es necesario perfeccionar una respuesta, ajustar su tono, mejorar la claridad o hacerla más precisa para el usuario.

Cómo diferenciarlos

- Si cada prompt puede funcionar de manera independiente, es una secuencia de prompts.
- Si cada prompt mejora la respuesta anterior, es un prompt adaptativo.

Ejemplo comparativo

Ejemplo de secuencia de prompts (dividir una tarea en pasos)

Objetivo: Crear un artículo sobre productividad en varias fases.

1. **Prompt 1:** «Dame una estructura para un artículo sobre productividad».
2. **Prompt 2:** «Ahora desarrolla el primer apartado con un párrafo claro y conciso».
3. **Prompt 3:** «Amplía la sección 2 con ejemplos prácticos y datos».
4. **Prompt 4:** «Genera un cierre persuasivo».

Cada prompt es independiente y avanza en la tarea sin modificar respuestas previas.

Ejemplo de prompts adaptativos (refinar una respuesta en tiempo real)

Objetivo: Mejorar progresivamente la definición de productividad.

1. **Prompt 1:** «Dame una definición de productividad».
2. **Prompt 2:** «Ahora reescríbela de forma más accesible para un estudiante de secundaria».
3. **Prompt 3:** «Añade una metáfora para hacerlo aún más claro».
4. **Prompt 4:** «Incorpora un ejemplo práctico aplicado a teletrabajo».

Cada prompt mejora la misma respuesta inicial; la optimiza progresivamente.

Cómo combinarlos para obtener mejores resultados

Si quieres obtener un resultado más sólido y bien estructurado, puedes combinar ambos enfoques en un mismo flujo de interacción.

Ejemplo de combinación: Escritura de un artículo optimizado con IA.

1. **Empiezas con una secuencia de prompts** para estructurar el artículo.
2. **Después usas prompts adaptativos** para refinar cada sección, mejorar explicaciones y añadir ejemplos más claros.

De esta manera, consigues un resultado final mucho más preciso, detallado y optimizado.

Estrategias para aplicar prompts adaptativos

Hasta ahora, hemos visto cómo los prompts adaptativos superan las limitaciones de los prompts estáticos, lo que permite que la IA no solo responda, sino que también razone, refine y optimice su salida en función de la interacción con el usuario.

Ahora bien, ¿cómo podemos aplicar esto de manera eficaz? Para aprovechar al máximo esta capacidad, es necesario utilizar estrategias avanzadas que guíen el flujo de la conversación de manera estructurada.

En este capítulo, te explicaré cuatro técnicas que convierten un simple prompt en un flujo dinámico de refinamiento continuo. Estas estrategias permiten:

✔ Hacer que la IA razone paso a paso antes de entregar una respuesta.

✔ Obligarla a evaluar y mejorar su propia respuesta.

✔ Optimizar los prompts antes de que sean ejecutados para evitar respuestas genéricas.

✔ Hacer que la IA analice los riesgos y consecuencias de sus propias respuestas antes de asumirlas como definitivas.

Estrategias de prompting adaptativo:

1. **Chain-of-thought prompting** → Para estructurar razonamientos paso a paso y mejorar la coherencia lógica de la respuesta.
2. **Self-reflection prompts** → Para que la IA analice críticamente su propia respuesta y la optimice antes de entregarla.
3. **Meta-prompting** → Para mejorar la calidad del prompt antes de ejecutarlo, y eso asegura que la solicitud sea precisa y bien formulada.

4. **Second-order prompting** → Para que la IA evalúe las implicaciones, limitaciones o riesgos de su propia respuesta y proponga mejoras.

Estas estrategias permiten obtener respuestas más inteligentes, precisas y accionables, y transforman la IA en una herramienta más interactiva y adaptable.

En lugar de recibir una única respuesta estática, puedes crear un proceso conversacional que refine progresivamente la información hasta llegar a la mejor solución posible.

A continuación, veremos cómo funciona cada técnica y cómo aplicarla en escenarios reales para obtener respuestas más estructuradas, claras y útiles.

Chain-of-thought prompting: Cómo estructurar el razonamiento de la IA

Chain-of-thought (CoT) prompting es una técnica que permite a la IA razonar en pasos secuenciales antes de entregar una conclusión, en lugar de generar una respuesta inmediata y potencialmente superficial.

Su objetivo es mejorar la claridad y la precisión de la respuesta: fuerza a la IA a explicar su lógica antes de proporcionar un resultado final.

Este método es especialmente útil cuando se necesita:

✔ Resolver problemas que requieren un razonamiento lógico.

✔ Obtener una explicación estructurada de un concepto complejo.

✔ Asegurar que la IA siga una secuencia de pensamiento clara en su respuesta.

✔ Evitar respuestas apresuradas o sin contexto suficiente.

¿Cómo funciona chain-of-thought prompting?

En un prompt estándar, la IA puede responder directamente sin detallar el proceso que la llevó a esa respuesta. Sin embargo, en muchas situaciones, obtener la respuesta final sin entender el razonamiento intermedio puede generar confusión o falta de confianza en la información proporcionada.

Cuando aplicamos chain-of-thought, le pedimos a la IA que desglose su pensamiento en pasos lógicos antes de dar la conclusión.

Esto no solo mejora la precisión, sino que también permite verificar cada fase del razonamiento y detectar posibles errores o inconsistencias antes de asumir la respuesta como válida.

Estructura de chain-of-thought prompting:

1. Pedir un análisis en pasos antes de llegar a la conclusión.
2. Solicitar que la IA explique cada fase del proceso.
3. Revisar la estructura lógica de la respuesta antes de aceptar el resultado.

Estrategias para aplicar chain-of-thought prompting

Existen diferentes formas de hacer que la IA estructure su pensamiento antes de dar una respuesta.

1. Solicitar un desglose en pasos antes de la conclusión

Ejemplo: «Explica si es mejor alquilar o comprar una vivienda. Desglosa los factores claves antes de darme una conclusión».

Resultado: La IA primero analiza aspectos como costos iniciales, liquidez, flexibilidad y estabilidad antes de dar su recomendación final.

2. Usar preguntas guiadas en lugar de una sola solicitud

Si la IA sigue dando respuestas demasiado generales, se puede dividir la solicitud en múltiples preguntas en secuencia.

Ejemplo:

❌ **Prompt genérico:** «¿Qué factores influyen en el éxito de una startup?».

✔ **Versión con preguntas guiadas:**

1. «Dame los principales factores que determinan el éxito de una startup».
2. «Ahora explica cada factor en detalle con ejemplos».
3. «Analiza cuáles de estos factores son más importantes en mercados emergentes».

Resultado: En lugar de recibir una lista superficial, la IA estructura mejor su respuesta.

3. Usar delimitadores para dar espacio adicional

Si estamos limitados a un solo prompt, pero queremos forzar a la IA a desarrollar cada punto con más detalle, podemos usar delimitadores para indicar dónde queremos que se enfoque más.

Ejemplo:

«Evalúa si abrir una cafetería en mi ciudad es una buena idea.

1. **Demanda del mercado:** Explica cómo se mide y qué factores influyen.
2. **Competencia:** Analiza cuántas cafeterías hay y cómo diferenciarse.
3. **Costos operativos:** Desglosa inversión inicial, costes fijos y márgenes.
4. **Conclusión:** Basado en el análisis anterior, da una recomendación».

Por qué funciona:

✔ La IA reconoce que cada número es un punto clave y se siente obligada a desarrollar cada parte antes de pasar a la siguiente.

✔ Se reduce la posibilidad de que la IA dé una respuesta superficial, ya que tiene un espacio claro para analizar cada aspecto.

✔ Funciona bien en análisis de negocios, planificación estratégica y evaluaciones estructuradas.

Ejemplo práctico: Evaluación de una estrategia de inversión

Imaginemos que un usuario quiere saber si debería invertir en bienes raíces o en acciones tecnológicas. En lugar de pedir una respuesta directa, puede aplicar chain-of-thought para asegurarse de que la IA analice cada factor clave antes de emitir una recomendación.

✘ **Prompt estándar (sin chain-of-thought):** «¿Es mejor invertir en bienes raíces o en acciones tecnológicas?».

Problema con este enfoque:

La IA podría responder con una afirmación general como «Depende de tu perfil de riesgo», sin explicar en detalle los factores que afectan la decisión.

La respuesta final podría no tener suficiente contexto para ser útil.

✔ **Prompt con chain-of-thought:**

«Evalúa si es mejor invertir en bienes raíces o en acciones tecnológicas. Explica cada factor clave antes de dar una conclusión; considera rentabilidad, riesgo, liquidez y tendencias del mercado».

Respuesta estructurada con chain-of-thought:

1. **Análisis de rentabilidad esperada**
   - **Acciones tecnológicas:** Históricamente han tenido un alto rendimiento con empresas como Apple y Tesla, ya que han generado grandes retornos en pocos años.
   - **Bienes raíces:** Ofrecen un crecimiento más estable y predecible, con posibilidad de ingresos pasivos mediante alquileres.

2. **Evaluación del riesgo**
   - **Acciones tecnológicas:** Son volátiles; pueden generar grandes ganancias, pero también pérdidas significativas en periodos de crisis.
   - **Bienes raíces:** Son más estables, pero pueden perder valor en recesiones económicas o si hay baja demanda en la zona.
3. **Liquidez y accesibilidad**
   - **Acciones:** Se pueden vender rápidamente en cualquier momento.
   - **Bienes raíces:** Vender una propiedad puede tardar meses y requiere procesos legales adicionales.
4. **Tendencias del mercado**
   - **Acciones tecnológicas:** Están en constante evolución, con oportunidades en inteligencia artificial y automatización.
   - **Bienes raíces:** En algunos mercados, los precios están sobrevalorados, lo que puede afectar la rentabilidad a largo plazo.
5. **Conclusión basada en el análisis**
   - Para inversionistas con alta tolerancia al riesgo y búsqueda de rendimientos rápidos, las acciones tecnológicas pueden ser una mejor opción.
   - Para quienes prefieren estabilidad, ingresos pasivos y menor riesgo, los bienes raíces pueden ser la mejor alternativa.

Resultado:

- La IA no entrega una respuesta apresurada, sino que explica su análisis en varios niveles antes de llegar a una conclusión.
- El usuario comprende los factores claves en la decisión de inversión y puede evaluar si la conclusión es válida o necesita ajustes.

Conclusión

Chain-of-thought prompting es una estrategia que permite mejorar la estructura, precisión y utilidad de las respuestas de la IA. En lugar de aceptar una respuesta inmediata y poco desarrollada, esta técnica obliga a la IA a:

✔ Desglosar su razonamiento en pasos lógicos antes de llegar a una conclusión.

✔ Explicar cada parte del proceso para que el usuario pueda evaluar si la respuesta es válida.

✔ Evitar respuestas superficiales o basadas en suposiciones.

Regla de oro: Si necesitas una respuesta compleja bien fundamentada, primero asegúrate de que la IA explique su razonamiento antes de darte una conclusión.

Integrar esta técnica en tu uso diario de IA mejorará la calidad de las respuestas que obtienes, y también te permitirá desarrollar un pensamiento más estructurado al interactuar con modelos de lenguaje avanzado.

Self-reflection prompting: Cómo hacer que la IA revise y optimice sus propias respuestas

Self-reflection prompting es una técnica que permite a la IA evaluar, analizar y mejorar su propia respuesta antes de entregarla. En lugar de conformarse con la primera salida generada, se le instruye para que reflexione sobre su respuesta, identifique posibles mejoras y la optimice en función de ciertos criterios.

Este método es especialmente útil cuando se necesita:

✔ Evitar respuestas superficiales o incompletas.

✔ Refinar la claridad, precisión o estilo de una respuesta.

✔ Corregir errores o detectar inconsistencias en la información proporcionada.

✔ Obtener explicaciones más estructuradas y detalladas.

El objetivo de self-reflection prompting no es solo mejorar la calidad de la respuesta, sino también hacer que la IA actúe de manera más analítica y crítica sobre su propio output.

¿Cómo funciona self-reflection prompting?

Normalmente, cuando interactuamos con la IA, asumimos que la primera respuesta generada es la mejor versión posible.

Sin embargo, en muchas situaciones, la IA podría producir una salida más precisa y útil si simplemente se le pide que revise su propia respuesta y la optimice antes de entregarla.

El proceso sigue tres pasos clave:

1. Generar una respuesta inicial.
2. Pedirle a la IA que evalúe la calidad de su propia respuesta según criterios específicos.
3. Solicitarle que optimice la respuesta en función de su evaluación.

Estrategias para aplicar self-reflection prompting

Existen diferentes formas de hacer que la IA reflexione sobre su respuesta y la mejore antes de entregarla.

1. Solicitar una autoevaluación antes de la respuesta final.

Ejemplo: «Explica el concepto de entropía. Luego, analiza si tu respuesta es clara y adecuada para un principiante. Si crees que puede mejorarse, optimízala».

Resultado: La IA primero da su definición, luego revisa si fue clara y, si es necesario, la mejora con una versión más sencilla.

2. Hacer que la IA detecte errores o sesgos en su respuesta.

Ejemplo: «Responde a esta pregunta sobre historia. Luego, revisa tu respuesta y dime si presenta algún error, falta de contexto o sesgo. Si es así, corrígelo».

Resultado: La IA no solo genera la respuesta, también la evalúa en busca de posibles problemas y la ajusta antes de entregarla.

3. Refinar la respuesta para un público específico.

Ejemplo: «Resume este artículo sobre inteligencia artificial. Luego, revisa si el resumen es claro para un lector sin conocimientos técnicos. Si no lo es, reescríbelo con un lenguaje más accesible».

Resultado: La IA adapta la respuesta a una audiencia específica, lo que garantiza que el contenido sea comprensible.

Ejemplo práctico: Optimización de una propuesta de negocio.

Imaginemos que un emprendedor quiere una propuesta de valor para su negocio de suscripción de café, pero quiere asegurarse de que sea clara, persuasiva y diferenciada.

✗ Prompt estándar (sin self-reflection):

«Escribe una propuesta de valor para un servicio de suscripción de café».

Problema con este enfoque: La IA podría generar una propuesta genérica sin resaltar los beneficios claves del servicio.

✔ Prompt con self-reflection:

«Escribe una propuesta de valor para un servicio de suscripción de café. Luego, analiza si transmite un beneficio claro y diferenciador para el cliente. Si crees que puede mejorarse, optimízala».

Respuesta con self-reflection prompting:

1. **Propuesta de valor inicial:**

«Disfruta café prémium en la puerta de tu casa con nuestro servicio de suscripción mensual».

2. **Análisis de la respuesta por parte de la IA:**

«El mensaje es claro, pero no destaca lo que hace único al servicio ni enfatiza un beneficio diferenciador. Puede mejorarse agregando elementos como calidad, frescura o personalización».

3. **Versión optimizada:**

«Descubre el sabor del café recién tostado, seleccionado de las mejores fincas del mundo y entregado en tu hogar cada mes. Personaliza tu suscripción según tus preferencias y disfruta siempre de un café fresco y de calidad superior».

Resultado:

- La IA generó una primera versión genérica.
- Luego, se autoevaluó y detectó áreas de mejora.
- Finalmente, ajustó la propuesta para hacerla más atractiva y diferenciada.

Este método permite obtener una versión mejorada sin necesidad de que el usuario tenga que identificar los fallos manualmente.

Conclusión

Self-reflection prompting permite mejorar significativamente la calidad de las respuestas de la IA al hacer que:

✔ Revise su propio trabajo antes de entregarlo.

✔ Detecte errores, omisiones o áreas de mejora de manera autónoma.

✔ Optimice la claridad, precisión o estilo de la respuesta según la necesidad del usuario.

Regla de oro: No siempre la primera respuesta de la IA es la mejor. Si buscas calidad en la información, haz que la IA analice y refine su propia salida antes de entregártela.

Esta estrategia es una herramienta clave para cualquier usuario que busque obtener respuestas más depuradas, adaptadas y útiles en cualquier contexto.

Meta-prompting (optimización de prompts a través de la IA)

Meta-prompting es una técnica que permite a la IA analizar y mejorar un prompt antes de ejecutarlo, lo que asegura que la solicitud sea lo más clara, específica y efectiva posible.

Esta técnica es útil cuando:

- no estás seguro de si tu prompt es lo suficientemente preciso;
- quieres evitar respuestas genéricas o superficiales;
- necesitas formular mejores preguntas para obtener información más relevante.

Meta-prompting puede aplicarse de dos formas:

1. **Optimización directa:** La IA analiza el prompt y sugiere mejoras antes de generar la respuesta.
2. **Optimización a través de preguntas clave:** La IA primero hace preguntas al usuario para recopilar información adicional antes de reformular el prompt.

En este libro, voy a enfocarme en la segunda estrategia, bajo mi punto de vista es la más efectiva para obtener prompts mejor estructurados y completamente personalizados.

Ejemplo: Creación de un artículo optimizado.

Supongamos que un usuario quiere escribir un artículo sobre inteligencia artificial y creatividad. Su primer intento de prompt es demasiado genérico, lo que podría llevar a una respuesta superficial o fuera de contexto.

Prompt original del usuario: «Escribe un artículo sobre inteligencia artificial».

Problema: El prompt no define el público objetivo, el propósito del artículo ni el enfoque temático. Sin esta información, la IA podría generar un contenido demasiado amplio y poco relevante.

Aplicación del meta-prompting: Para mejorar la calidad del resultado, pedimos a la IA que primero analice el prompt y haga preguntas claves antes de reformularlo.

Interacción con la IA:

Usuario: «Antes de responder, analiza este prompt y dime si se puede mejorar. Luego, haz preguntas claves para obtener más detalles y reformula el prompt antes de generar el artículo».

IA (análisis del prompt): «El prompt es demasiado amplio y carece de detalles sobre:

- El público objetivo.
- El propósito del artículo (informativo, técnico, divulgativo, empresarial, académico).
- El enfoque específico dentro de la inteligencia artificial.
- La extensión deseada del artículo.

Para generar un contenido más preciso, es necesario recopilar más información».

IA (preguntas claves para mejorar el prompt): «Para ofrecerte un artículo útil, dime lo siguiente:

¿A qué público está dirigido el artículo?

¿Cuál es el enfoque principal? (Ejemplo: técnico, divulgativo, empresarial).

¿Se debe incluir algún caso de uso específico?

¿Cuál debe ser la extensión aproximada?».

Usuario responde: «Quiero un artículo divulgativo sobre inteligencia artificial y creatividad, dirigido a diseñadores y artistas.

Me interesa que explique cómo la IA está transformando los procesos creativos e incluya ejemplos de herramientas y tendencias actuales. La extensión debe ser de unas 800 palabras».

IA (Prompt optimizado): «Escribe un artículo divulgativo sobre inteligencia artificial y creatividad, dirigido a profesionales del diseño y el arte. Explica cómo la IA está transformando los procesos creativos y analiza su impacto en la industria. Incluye ejemplos de herramientas actuales y tendencias emergentes. La extensión debe ser de aproximadamente 800 palabras y el tono debe ser inspirador».

Resultado: El prompt optimizado tiene contexto, propósito y detalles específicos, lo que permite a la IA generar un artículo mucho más alineado con las expectativas del usuario.

Por qué Meta-prompting es clave en la optimización de prompts

Este ejemplo demuestra cómo un prompt inicial vago puede evolucionar en una instrucción precisa que garantiza una respuesta mucho más útil.

El proceso de Meta-prompting sigue tres pasos claves:

1. La IA analiza el prompt original y detecta sus debilidades.
2. Formula preguntas claves al usuario para completar la información faltante.
3. Reformula el prompt con los datos obtenidos antes de ejecutar la respuesta.

Aplicar esta técnica mejora notablemente la calidad de las respuestas, además, también te enseña a formular mejores prompts, lo que te ayuda a obtener resultados más alineados con tus necesidades desde el primer intento.

Prompt que uso para mejorar prompts

Aquí tienes un prompt que puedes usar para mejorar cualquier otro prompt.

Prompt para mejorar un prompt

Actúa como un experto en la optimización y redacción de prompts efectivos. Te especializas en identificar áreas de mejora y en transformar prompts en bruto en instrucciones claras y precisas.

Aquí tienes un prompt inicial en bruto: [Inserta aquí el texto del prompt en bruto]

Primero, haz preguntas que puedan ayudarte a explicar mejor el contexto, el rol, la audiencia o el objetivo buscado en el prompt inicial.

Cuando tengas las respuestas del usuario, crea el prompt mejorado siguiendo la siguiente estructura:

Actúa como si fueras [Rol]

[Contexto + Audiencia]

[Verbo] [Qué] [Para qué]

[Formato]

[Estilo]

[Tono]

Cómo usar este prompt:

1. Copia y pega el texto en tu interacción con la IA.
2. Inserta el prompt en bruto que quieres mejorar.
3. Responde a las preguntas de la IA para proporcionar más contexto.
4. Usa el prompt optimizado que la IA generará para obtener una respuesta más precisa.

Conclusión

Meta-prompting es una técnica útil cuando quieres obtener respuestas más precisas y detalladas. Pedirle a la IA que analice, refine y optimice un prompt antes de ejecutarlo no solo mejora los resultados, sino que también ayuda a desarrollar mejores habilidades de prompting.

Integrar preguntas claves en el proceso convierte a la inteligencia artificial en una verdadera asistente en la construcción de instrucciones más efectivas, lo que te permite aprovechar al máximo su capacidad para generar contenido relevante y bien estructurado.

Second-order prompting (reflexión en segundo orden)

Second-order prompting es una técnica avanzada que obliga a la IA no solo a generar una respuesta, sino a evaluar las implicaciones, consecuencias o limitaciones de su propia respuesta.

En lugar de aceptar la primera respuesta como definitiva, esta técnica lleva la interacción un paso más allá; pide a la IA que:

1. Analice críticamente su propia respuesta.
2. Detecte posibles riesgos, sesgos o limitaciones.
3. Genere ajustes o recomendaciones para mejorar la decisión o información proporcionada.

Esta estrategia es particularmente útil en escenarios donde las decisiones tienen múltiples dimensiones o impactos, como planificación estratégica, análisis de riesgos o evaluación de posibles soluciones a un problema.

Cómo funciona second-order prompting

El proceso sigue tres pasos claves:

1. **Solicitud inicial:** La IA genera una respuesta basada en el prompt del usuario.
2. **Evaluación secundaria:** Se le pide a la IA que analice las posibles limitaciones, riesgos o efectos de su respuesta.
3. **Optimización o ajuste:** Se le solicita que refine la respuesta basándose en su análisis previo.

Este método permite obtener respuestas más equilibradas, y eso evita información superficial o que solo presente un punto de vista sin considerar posibles consecuencias.

Ejemplo: Evaluación de una estrategia de crecimiento empresarial

Imaginemos que un emprendedor quiere expandir su negocio y pide a la IA una estrategia para hacerlo.

Prompt original del usuario: «Dame una estrategia para expandir mi negocio».

Problema: El prompt puede generar una respuesta válida, pero sin considerar los posibles riesgos o desafíos asociados a la expansión.

Aplicación de second-order prompting:

Usuario: «Dame una estrategia para expandir mi negocio».

IA (primera respuesta): «Aquí tienes una estrategia para expandir tu negocio:

1. Abrir nuevas sucursales en otras ciudades.
2. Lanzar una tienda online para aumentar el alcance.
3. Invertir en publicidad digital para atraer nuevos clientes.
4. Desarrollar nuevas líneas de productos o servicios».

Hasta aquí, la IA ha dado una respuesta útil, pero no ha considerado los riesgos o implicaciones de cada acción. Ahora aplicamos second-order prompting para mejorar la respuesta.

Usuario (segundo prompt): «Ahora analiza los posibles riesgos o desafíos de cada una de estas estrategias y cómo podrían mitigarse».

IA (evaluación de riesgos): «Aquí están los posibles riesgos y cómo mitigarlos:

1. Abrir nuevas sucursales: Alto costo operativo y riesgo de baja demanda.
   - Mitigación: Hacer un estudio de mercado antes de elegir la ubicación.
2. Lanzar una tienda online: Competencia fuerte y necesidad de logística eficiente.
   - Mitigación: Implementar una estrategia de diferenciación y un plan logístico sólido.
3. Invertir en publicidad digital: Puede ser costoso sin una segmentación adecuada.
   - Mitigación: Realizar pruebas A/B para optimizar campañas y evitar gastos innecesarios.
4. Desarrollar nuevas líneas de productos: Riesgo de inversión sin demanda comprobada.
   - Mitigación: Hacer encuestas previas para validar el interés del mercado antes de lanzar nuevos productos».

Resultado:

- La inteligencia artificial no solo ha dado una estrategia inicial, sino que ha identificado los posibles riesgos y cómo enfrentarlos.
- Esto permite al usuario tomar decisiones más informadas y minimizar errores estratégicos.

Prompt para aplicar second-order prompting

Aquí tienes un prompt que puedes utilizar para aplicar esta técnica en cualquier contexto:

Prompt para mejorar una respuesta con second-order prompting:

1. Dame una estrategia/solución/respuesta para [problema o situación específica].

2. Ahora, analiza los posibles riesgos, limitaciones o efectos secundarios de la respuesta que diste.
3. Con base en tu análisis, ajusta la respuesta original para minimizar riesgos y mejorar la efectividad de la solución.

Cómo usar este prompt:

Formula una primera pregunta sobre una estrategia o solución.

1. Pide a la IA que analice riesgos, limitaciones o efectos secundarios de su propia respuesta.
2. Solicita que ajuste la respuesta para que sea más robusta y efectiva.

Algunas aplicaciones de second-order prompting

Esta técnica puede aplicarse en muchas áreas, como:

- **Toma de decisiones profesionales o personales:** Evaluar los pros y contras de una elección antes de actuar.
- **Análisis financiero:** Detectar riesgos en inversiones o estrategias económicas.
- **Resolución de problemas técnicos:** Identificar puntos débiles en una solución de software o un modelo de negocio.
- **Planificación de proyectos:** Evaluar posibles obstáculos antes de implementar un plan de acción.

En cualquier situación donde una respuesta inicial pueda tener implicaciones no consideradas, aplicar second-order prompting permite obtener soluciones más equilibradas y estratégicas.

Cómo aplicar los prompts adaptativos de manera estratégica

Hasta ahora hemos explorado diferentes técnicas avanzadas de prompting: chain-of-thought, self-reflection, meta-prompting y second-order prompting. Cada una tiene su propósito y aporta valor en distintos escenarios, pero el verdadero poder del prompting adaptativo surge cuando se combinan de manera estructurada dentro de un mismo flujo de interacción.

La estructura de un flujo de prompts adaptativos

Un flujo de prompts bien diseñado no se basa en un solo intento, sino en una secuencia estructurada de interacciones con la IA, donde cada paso mejora progresivamente la calidad de la respuesta.

Pasos para diseñar un flujo de prompts efectivo:

1. **Definir el objetivo final** → ¿Qué información o resultado necesitas obtener?
2. **Escribir un primer prompt claro y específico** → Evitar preguntas vagas o demasiado generales.
3. **Aplicar técnicas de refinamiento según la necesidad:**
   - **Meta-prompting:** Si la pregunta es demasiado general, optimizarla antes de ejecutarla.
   - **Chain-of-thought:** Si la respuesta necesita estructura lógica, hacer que la IA descomponga el problema en pasos.
   - **Self-reflection:** Si la respuesta no es clara o precisa, hacer que la IA la revise y optimice.
   - **Second-order prompting:** Si la respuesta implica una decisión o estrategia, hacer que la IA analice sus riesgos o implicaciones.

4. **Iterar hasta obtener una respuesta óptima** → Si la respuesta no es satisfactoria, ajustar el prompt o aplicar una técnica adicional.

Cómo elegir la técnica adecuada según el objetivo

Cada técnica tiene un propósito específico. Aquí tienes una guía rápida sobre cuándo aplicar cada una dentro de un flujo de interacción:

Para formular la mejor pregunta posible antes de obtener una respuesta, la técnica recomendada es meta-prompting, ya que permite optimizar un prompt antes de ejecutarlo, lo que asegura que la solicitud sea clara y específica.

Por ejemplo, en marketing, se puede aplicar meta-prompting para refinar una solicitud y hacerla más precisa, lo que evitará respuestas genéricas.

Si el objetivo es obtener una respuesta estructurada y detallada, la mejor estrategia es chain-of-thought prompting, que permite desglosar el razonamiento en pasos antes de llegar a una conclusión.

Esta técnica es ideal para explicar procesos técnicos de manera progresiva; se asegura así que cada parte del análisis sea clara antes de entregar el resultado final.

Cuando se necesita mejorar la claridad, precisión o estilo de una respuesta, la técnica más efectiva es self-reflection prompting. En este caso, la IA evalúa su propia respuesta y la optimiza antes de entregarla.

Un ejemplo de aplicación sería mejorar la redacción de un artículo generado por IA, y eso garantiza que sea más comprensible y bien estructurado.

Por último, si el objetivo es evaluar los riesgos o consecuencias de una respuesta antes de implementarla, la estrategia adecuada es second-order prompting. Esta técnica permite a la IA analizar posibles problemas o limitaciones de una estrategia antes de asumirla como válida.

Un caso de uso sería en la planificación empresarial, donde se puede aplicar para identificar riesgos potenciales en una estrategia de expansión antes de tomar una decisión definitiva.

Si un flujo de prompting está bien diseñado, la IA responderá de manera más precisa desde el primer intento y con menos ajustes manuales.

Errores comunes al aplicar prompts adaptativos

1. No definir un objetivo claro desde el inicio

Error:

- Pedir información sin saber exactamente qué se necesita.
- Hacer preguntas abiertas sin definir un criterio para evaluar la respuesta.

Solución:

- Antes de comenzar, definir qué información se busca y cómo se medirá la calidad de la respuesta.
- Ejemplo de un mal prompt: «Dime cómo mejorar mis hábitos».
- Ejemplo de un buen prompt: «Dame cinco estrategias basadas en estudios científicos para mejorar la productividad diaria».

2. No dividir el flujo en pasos

Error:

- Pedir una respuesta detallada sin estructurar el proceso de razonamiento de la IA.

Solución:

- Usar **chain-of-thought** para que la IA desglose su razonamiento antes de llegar a una conclusión.
- Ejemplo de un buen prompt: «Explica cómo mejorar la productividad en cinco pasos antes de darme recomendaciones específicas».

3. Intentar mejorar respuestas sin optimizar primero el prompt

Error:

- Aplicar self-reflection cuando el problema es que el prompt original era demasiado vago.

Solución:

- Usar **meta-prompting antes de self-reflection**.
- Ejemplo de optimización:
    - **Prompt original:** «Dame ideas de contenido para mi empresa».
    - **Meta-prompting:** «Antes de responder, analiza este prompt y dime cómo podría mejorarse para obtener mejores resultados».

Caso práctico: Creación de una estrategia de lanzamiento para un producto

Escenario: Un emprendedor quiere lanzar un nuevo producto y necesita una estrategia de marketing efectiva.

Paso 1: Aplicar meta-prompting para mejorar la solicitud

Usuario: «Dame una estrategia de lanzamiento para mi nuevo producto».

IA: «Para generar una respuesta más útil, responde lo siguiente:

1. ¿De qué producto se trata?
2. ¿Cuál es el público objetivo?
3. ¿Cuál es el presupuesto disponible?
4. ¿Qué canales de marketing prefieres usar?».

Usuario responde: «Es un smartwatch para deportistas. Público objetivo: personas activas de 25 a 40 años. Presupuesto: 5000 dólares. Canales: redes sociales e influencers».

Prompt optimizado: «Diseña una estrategia de marketing digital para el lanzamiento de un smartwatch enfocado en deportistas de 25 a 40 años. El presupuesto es de 5000 dólares y los canales principales son redes sociales e influencers. La estrategia debe incluir fases de prelanzamiento, lanzamiento y poslanzamiento».

Paso 2: Aplicar chain-of-thought para estructurar la estrategia

Usuario: «Explica la estrategia en un flujo paso a paso antes de dar la conclusión».

IA (Estrategia estructurada con chain-of-thought):

1. **Prelanzamiento:** Generar expectativa con adelantos en redes sociales.
2. **Colaboraciones con influencers:** Hacer pruebas de producto con creadores de contenido fitness.
3. **Campaña de lanzamiento:** Descuentos exclusivos para los primeros compradores.
4. **Estrategia de contenido:** Publicar testimonios y casos de uso en Instagram y YouTube.
5. **Poslanzamiento:** Recopilar reseñas y optimizar la publicidad en función del feedback.

Paso 3: Aplicar self-reflection para mejorar la estrategia

Usuario: «Revisa si la estrategia es clara y efectiva. Si crees que puede mejorarse, optimízala».

IA: «Se puede mejorar añadiendo una estrategia de retención de clientes y un programa de referidos».

Estrategia optimizada:

- **Programa de lealtad:** Descuentos en futuras compras para clientes que dejen reseñas.
- **Referidos:** Recompensas por cada nuevo cliente recomendado.

Paso 4: Aplicar second-order prompting para evaluar riesgos

Usuario: «Ahora analiza los posibles riesgos de esta estrategia y cómo mitigarlos».

IA:

- **Falta de diferenciación en el mercado:** Competencia con grandes marcas.
- **Dependencia de influencers:** Si la campaña no tiene impacto, el lanzamiento puede fracasar.
- **Posible sobrecarga de pedidos iniciales:** Problemas logísticos en periodos de alta demanda.

Medidas de mitigación:

- Optimizar publicidad con pruebas A/B antes de escalar campañas.
- Diferenciar la marca con certificaciones de comercio justo.
- Asegurar proveedores confiables antes del lanzamiento.

Este caso práctico demuestra cómo un flujo estructurado de prompts puede transformar una simple pregunta en una estrategia bien elaborada y validada.

Integrando estas técnicas en cualquier proceso, se pueden obtener respuestas más precisas y accionables que optimizan el uso de la IA en cualquier ámbito.

Checkpoint: Qué hemos aprendido

✔ **El futuro del prompting es adaptativo**: Los prompts estáticos pueden ser útiles en tareas simples, pero en escenarios más complejos, el prompting adaptativo permite mejorar la interacción y obtener respuestas más precisas y útiles.

✔ **Los prompts dinámicos se ajustan a la conversación**: En lugar de depender de un solo prompt inicial, los modelos pueden refinar su salida a través de estrategias que ajustan las respuestas en función del contexto y la retroalimentación del usuario.

✔ **Existen cuatro estrategias claves de prompting adaptativo**:

- **Chain-of-thought prompting**: Guía a la IA para razonar paso a paso antes de dar una respuesta.
- **Self-reflection prompting**: Hace que la IA evalúe su propia respuesta y la mejore.
- **Meta-prompting**: Usa la IA para optimizar su propio prompting antes de generar una respuesta final.
- **Second-order prompting**: Emplea una segunda capa de prompting para mejorar la coherencia y calidad de la respuesta inicial.

✔ Los prompts adaptativos no reemplazan las secuencias de prompts, sino que las complementan: Una secuencia de prompts bien estructurada puede incorporar estrategias adaptativas para mejorar la precisión en cada paso.

✔ La clave es elegir la estrategia correcta según el objetivo: No todas las técnicas son adecuadas para todos los casos. Mientras que chain-of-thought es ideal para problemas complejos, self-reflection y meta-prompting son útiles para optimizar contenido y asegurar calidad en la respuesta.

✔ El prompting evolutivo reduce errores y mejora la interacción: Aplicar estas estrategias permite minimizar respuestas incoherentes, hacer que la IA corrija sus propias fallas y lograr interacciones más fluidas y naturales.

Próximo nivel

Has llegado lejos en el dominio del prompting, pero aquí no termina el viaje. Ahora es momento de llevar todo lo aprendido a la práctica y construir tu propio repositorio de prompts optimizados. En la siguiente sección, descubrirás cómo sistematizar tu conocimiento para tener siempre a la mano la mejor estructura de prompting según tu necesidad.

¿Y ahora qué?

A lo largo de este libro, hemos explorado distintas estrategias de prompting: desde los fundamentos hasta técnicas avanzadas que te permiten obtener respuestas más precisas con las que puedes aprovechar al máximo el potencial de la inteligencia artificial.

Pero el verdadero poder del prompting no está solo en la teoría, sino en su aplicación práctica.

Dominar esta habilidad te brinda una ventaja competitiva en un mundo en el que la inteligencia artificial está transformando la manera en que trabajamos, creamos y resolvemos problemas.

Ahora que sabes cómo estructurar un prompt correctamente podrás:

✔ **Generar contenido de calidad** con rapidez y precisión.

✔ **Optimizar procesos** en cualquier área, desde el marketing hasta la programación.

✔ **Automatizar tareas repetitivas** y mejorar la eficiencia en tu trabajo.

✔ **Tomar decisiones más informadas** gracias a respuestas bien estructuradas.

✔ **Comunicarte con la IA de manera estratégica**: guía cada respuesta en la dirección correcta.

Has recorrido un camino de aprendizaje profundo. Ahora la pregunta es: ¿cómo aplicarás este conocimiento en tu día a día?

Lo que puedes hacer a continuación para seguir mejorando

Practica con diferentes modelos de IA

No todas las inteligencias artificiales responden de la misma manera.

Experimenta con ChatGPT, Gemini, Claude y otros modelos para descubrir sus fortalezas y limitaciones.

Ajusta tus prompts en función de sus respuestas y analiza qué modificaciones generan mejores resultados.

Crea y perfecciona tus propias plantillas de prompts

Si utilizas la IA para tareas recurrentes, desarrollar prompts reutilizables te ahorrará tiempo y garantizará respuestas más consistentes.

Desde generación de contenido hasta análisis de datos, una buena plantilla puede hacer la diferencia.

Experimenta con formatos de interacción avanzados

No te limites a preguntas simples. Prueba prompts que impliquen respuestas en listas, tablas, resúmenes, esquemas o incluso guiones. Explora prompts encadenados y delimitadores para lograr interacciones más estructuradas y profundas.

Evalúa y ajusta constantemente tus prompts

La optimización del prompting es un proceso de mejora continua. Si una respuesta no es satisfactoria, analiza qué cambiar en tu prompt en lugar de asumir que la IA falló. Prueba reformulaciones, segmentación de tareas y validación de respuestas.

Aplica el prompting en tu entorno profesional y personal

Marketing → Crea campañas más efectivas con prompts para anuncios, emails y contenido SEO.

Programación → Genera y depura código de manera más eficiente.

Investigación y educación → Resúmenes, análisis de tendencias y organización de información.

Emprendimiento → Toma decisiones estratégicas basadas en datos estructurados con la ayuda de la IA.

La inteligencia artificial seguirá evolucionando, y con ella, las formas en que podemos interactuar con ella.

Dominar el prompting es una habilidad útil para el presente, pero una herramienta poderosa para el futuro.

Crea tu propio repositorio de prompts optimizados

Si quieres optimizar al máximo la IA, te recomiendo que crees y nutras tu repositorio de prompts. ¿Por qué?

✔ **Ahorras tiempo** → No tienes que crear prompts desde cero cada vez.

✔ **Obtienes respuestas más precisas** → Usas prompts probados y optimizados.

✔ **Eres más eficiente en tareas repetitivas** → Ya tienes plantillas listas para diferentes escenarios.

✔ **Evitas errores comunes** → Un prompt bien estructurado es la clave para una buena respuesta.

Cómo construir tu biblioteca de prompts

1. **Organiza los prompts por categorías** → Escritos, análisis de datos, programación, automatización, etc.
2. **Crea un sistema de almacenamiento accesible** → Un documento compartido, una app de notas o una base de datos.
3. **Prueba, ajusta y mejora constantemente** → Guarda solo aquellos prompts que realmente te han dado resultados óptimos.
4. **Utiliza self-reflection prompting** → Pide a la IA que evalúe y mejore tu prompt antes de guardarlo.
5. **Inspírate en la comunidad** → Explora foros, artículos y experimenta con nuevos formatos de prompting.

Tienes el poder. Ahora es tu turno.

Este libro te ha proporcionado el conocimiento y las herramientas necesarias para convertirte en un experto en prompting. Pero la verdadera maestría llega con la práctica y la experimentación.

No se trata solo de hacer preguntas a la IA. Se trata de dirigir la conversación, optimizar cada respuesta y utilizar la inteligencia artificial como una verdadera extensión de tu potencial creativo y estratégico.

El siguiente paso está en tus manos. Explora, experimenta y conviértete en un maestro del prompting.

Glosario de términos de inteligencia artificial

Inteligencia artificial (IA). Campo de la informática que busca crear sistemas capaces de realizar tareas que normalmente requieren inteligencia humana, como el reconocimiento de voz, la toma de decisiones o la traducción de idiomas.

Modelos de lenguaje (LLM). Algoritmos entrenados con grandes cantidades de texto para comprender y generar lenguaje humano de manera coherente.

Prompt. Instrucción o pregunta proporcionada a un modelo de lenguaje para obtener una respuesta específica.

Token. Unidad mínima de texto procesada por un modelo de lenguaje, que puede ser una palabra, parte de una palabra o incluso un solo carácter.

Ventana de contexto. Cantidad de tokens que un modelo de IA puede procesar y recordar dentro de una misma conversación antes de olvidar los mensajes más antiguos.

Vector en IA. Representación numérica de un token en un espacio multidimensional, lo que permite al modelo asociar palabras y conceptos similares.

Chain-of-thought prompting. Técnica que guía a la IA para razonar paso a paso antes de entregar una respuesta.

Self-reflection prompting. Estrategia que hace que la IA evalúe y optimice su propia respuesta antes de presentarla.

Meta-prompting. Uso de la IA para analizar y mejorar un prompt antes de ejecutarlo, lo que asegura mayor precisión en la respuesta final.

Second-order prompting. Técnica que obliga a la IA a analizar las consecuencias o limitaciones de su propia respuesta.

Zero-shot prompting. Proporcionar una solicitud sin ejemplos previos, es decir, confiar en el conocimiento general del modelo.

One-shot prompting. Incluir un solo ejemplo en el prompt para guiar la respuesta de la IA.

Few-shot prompting. Uso de múltiples ejemplos para entrenar al modelo a seguir un estilo o formato específico.

Delimitadores. Símbolos o etiquetas que ayudan a estructurar un prompt, lo que facilita la interpretación y respuesta de la IA.

Plantillas de prompts reutilizables. Formatos predefinidos de prompts que pueden personalizarse para diferentes tareas para optimizar la interacción con la IA.

Sobre el autor

Jose Luis (JL) Gallardo es un especialista en prompts y asistentes de inteligencia artificial personalizados. Su objetivo es ayudar a profesionales, creadores y emprendedores a simplificar el uso de la IA para liberar su máximo potencial.

Con una sólida experiencia en la integración de la IA en procesos creativos y de negocio, JL ha desarrollado múltiples proyectos innovadores en el ámbito de la inteligencia artificial.

JotaEle

Proyectos destacados

- **Promptea (2023).** Herramienta de inteligencia artificial que ofrece asistentes personalizados para diversas aplicaciones, lo que mejora la eficiencia y productividad de los usuarios. Web: **promptea.io**.
- **ChatGPT Lover (2024).** Newsletter dedicada a compartir las últimas novedades, consejos y estrategias sobre el uso de ChatGPT en distintos ámbitos profesionales. Web: **chatgptlover.com**.
- **IA Fácil (2024).** Newsletter que ofrece contenido accesible y práctico para aquellos que desean integrar la inteligencia artificial en sus proyectos y negocios de manera sencilla y efectiva. Web: **jotaele.ai**.

Además de estos proyectos, JL ha colaborado con diversas instituciones educativas y empresas, impartiendo formación y talleres sobre la aplicación de la IA en procesos creativos y de ventas. Su enfoque se centra en empoderar a los profesionales para que integren la inteligencia artificial en sus flujos de trabajo, de modo que optimizarán su tiempo y sus recursos.

www.ingramcontent.com/pod-product-compliance
Ingram Content Group UK Ltd.
Pitfield, Milton Keynes, MK11 3LW, UK
UKHW042004230426
12048UKWH00009B/552